OEUVRES

DE

J. RACINE.

Tome Premier.

A PARIS,

A LA LIBRAIRIE DES ÉCOLES

rue Sainte-Marguerite S. G., 19.

1834

ŒUVRES

DE

JEAN RACINE.

TOME PREMIER.

PARIS, IMPRIMERIE DE POUSSIELGUE,
rue du Croissant-Montmartre, 12.

OEUVRES

DE

JEAN RACINE.

TOME PREMIER.

A PARIS,

A LA LIBRAIRIE DES ÉCOLES,

RUE SAINTE MARGUERITE S. G., 19.

1855.

LA THÉBAÏDE

ou

LES FRÈRES ENNEMIS,

TRAGÉDIE.

(1664.)

PERSONNAGES.

Etéocle, roi de Thèbes.
Polynice, frère d'Etéocle.
Jocaste, mère de ces deux princes et d'Antigone.
Antigone, sœur d'Etéocle et de Polynice.
Créon, oncle des princes et de la princesse.
Hémon, fils de Créon, amant d'Antigone.
Olympe, confidente de Jocaste.
Attale, confidente de Créon.
Un soldat de l'armée de Polynice.
Gardes.

La scène est à Thèbes dans une salle du palais royal.

LA THÉBAÏDE

OU

LES FRÈRES ENNEMIS,

TRAGÉDIE.

~~~~~~

ACTE PREMIER.

SCÈNE I.

JOCASTE, OLYMPE.

JOCASTE.

Ils sont sortis, Olympe? Ah! mortelles douleurs!
Qu'un moment de repos me va coûter de pleurs!
Mes yeux depuis six mois étoient ouverts aux larmes,
Et le sommeil les ferme en de telles alarmes!
Puisse plutôt la mort les fermer pour jamais,
Et m'empêcher de voir le plus noir des forfaits!
Mais en sont-ils aux mains?

OLYMPE.

Du haut de la muraille
Je les ai vus déjà tous rangés en bataille;
J'ai vu déjà le fer briller de toutes parts,
Et pour vous avertir j'ai quitté les remparts.
J'ai vu, le fer en main, Etéocle lui-même:
Il marche des premiers, et d'une ardeur extrême

Il montre aux plus hardis à braver le danger.

JOCASTE.

N'en doutons plus, Olympe, ils se vont égorger.
Que l'on coure avertir et hâter la princesse ;
Je l'attends. Juste ciel, soutenez ma foiblesse !
Il faut courir, Olympe, après ces inhumains ;
Il les faut séparer, ou mourir par leurs mains.
Nous voici donc, hélas ! à ce jour détestable
Dont la seule frayeur me rendoit misérable !
Ni prières ni pleurs ne m'ont de rien servi,
Et le courroux du sort vouloit être assouvi.
O toi, Soleil, ô toi, qui rends le jour au monde,
Que ne l'as-tu laissé dans une nuit profonde !
A de si noirs forfaits prêtes-tu tes rayons ;
Et peux-tu sans horreur voir ce que nous voyons ?
Mais ces monstres, hélas ! ne t'épouvantent guères ;
La race de Laïus les a rendus vulgaires ;
Tu peux voir sans frayeur les crimes de mes fils
Après ceux que le père et la mère ont commis.
Tu ne t'étonnes pas si mes fils sont perfides,
S'ils sont tous deux méchants, et s'ils sont parricides ;
Tu sais qu'ils sont sortis d'un sang incestueux,
Et tu t'étonnerois s'ils étoient vertueux.

SCÈNE II.

JOCASTE, ANTIGONE, OLYMPE.

JOCASTE.

Ma fille, avez-vous su l'excès de nos misères ?

ANTIGONE.

Oui, madame ; on m'a dit la fureur de mes frères.

JOCASTE.

Allons, chère Antigone, et courons de ce pas

Arrêter, s'il se peut, leurs parricides bras.
Allons leur faire voir ce qu'ils ont de plus tendre :
Voyons si contre nous ils pourront se défendre,
Ou s'ils oseront bien dans leur noire fureur
Répandre notre sang pour attaquer le leur.

ANTIGONE.

Madame, c'en est fait, voici le roi lui-même.

SCÈNE III.

JOCASTE, ÉTÉOCLE, ANTIGONE, OLYMPE.

JOCASTE.

Olympe, soutiens-moi ; ma douleur est extrême.

ÉTÉOCLE.

Madame, qu'avez-vous ? et quel trouble...

JOCASTE.

Ah ! mon fils,
Quelles traces de sang vois-je sur vos habits ?
Est-ce du sang d'un frère, ou n'est-ce point du vôtre ?

ÉTÉOCLE.

Non, madame, ce n'est ni de l'un ni de l'autre.
Dans son camp jusqu'ici Polynice arrêté,
Pour combattre, à mes yeux ne s'est point présenté.
D'Argiens seulement une troupe hardie
M'a voulu de nos murs disputer la sortie :
J'ai fait mordre la poudre à ces audacieux,
Et leur sang est celui qui paroît à vos yeux.

JOCASTE.

Mais que prétendiez-vous, et quelle ardeur soudaine
Vous a fait tout à coup descendre dans la plaine ?

ÉTÉOCLE.

Madame, il étoit temps que j'en usasse ainsi,

Et je perdois ma gloire à demeurer ici.
Le peuple, à qui la faim se faisoit déjà craindre,
De mon peu de vigueur commençoit à se plaindre,
Me reprochant déjà qu'il m'avoit couronné,
Et que j'occupois mal le rang qu'il m'a donné.
Il le faut satisfaire ; et, quoi qu'il en arrive,
Thèbes dès aujourd'hui ne sera plus captive :
Je veux, en n'y laissant aucun de mes soldats,
Qu'elle soit seulement juge de nos combats.
J'ai des forces assez pour tenir la campagne ;
Et si quelque bonheur nos armes accompagne
L'insolent Polynice et ses fiers alliés
Laisseront Thèbes libre ou mourront à mes pieds.

 JOCASTE.

Vous pourriez d'un tel sang, ô ciel! souiller vos armes!
La couronne pour vous a-t-elle tant de charmes ?
Si par un parricide il la falloit gagner,
Ah mon fils ! à ce prix voudriez-vous régner ?
Mais il ne tient qu'à vous, si l'honneur vous anime,
De nous donner la paix sans le secours d'un crime,
Et, de votre courroux triomphant aujourd'hui,
Contenter votre frère, et régner avec lui.

ÉTÉOCLE.

Appelez-vous régner partager ma couronne,
Et céder lâchement ce que mon droit me donne?

JOCASTE.

Vous le savez, mon fils, la justice et le sang
Lui donnent comme à vous sa part à ce haut rang:
OEdipe, en achevant sa triste destinée,
Ordonna que chacun régneroit son année ;
Et, n'ayant qu'un état à mettre sous vos lois,
Voulut que tour à tour vous fussiez tous deux rois.
A ces conditions vous daignâtes souscrire.
Le sort vous appela le premier à l'empire,

Vous montâtes au trône ; il n'en fut point jaloux :
Et vous ne voulez pas qu'il y monte après vous !

ÉTÉOCLE.

Non, madame ; à l'empire il ne doit plus prétendre :
Thèbes à cet arrêt n'a point voulu se rendre ;
Et lorsque sur le trône il s'est voulu placer
C'est elle, et non pas moi, qui l'en a su chasser.
Thèbes doit-elle moins redouter sa puissance
Après avoir six mois senti sa violence ?
Voudroit-elle obéir à ce prince inhumain,
Qui vient d'armer contre elle et le fer et la faim ?
Prendroit-elle pour roi l'esclave de Mycène,
Qui pour tous les Thébains n'a plus que de la haine,
Qui s'est au roi d'Argos indignement soumis,
Et que l'hymen attache à nos fiers ennemis ?
Lorsque le roi d'Argos l'a choisi pour son gendre
Il espéroit par lui de voir Thèbes en cendre.
L'amour eut peu de part à cet hymen honteux,
Et la seule fureur en alluma les feux.
Thèbes m'a couronné pour éviter ses chaînes ;
Elle s'attend par moi de voir finir ses peines :
Il la faut accuser si je manque de foi ;
Et je suis son captif, je ne suis pas son roi.

JOCASTE.

Dites, dites plutôt, cœur ingrat et farouche,
Qu'auprès du diadème il n'est rien qui vous touche.
Mais je me trompe encor ; ce rang ne vous plaît pas,
Et le crime tout seul a pour vous des appas.
Eh bien ! puisqu'à ce point vous en êtes avide,
Je vous offre à commettre un double parricide :
Versez le sang d'un frère ; et, si c'est peu du sien,
Je vous invite encore à répandre le mien.
Vous n'aurez plus alors d'ennemis à soumettre,
D'obstacle à surmonter, ni de crime à commettre ;
Et, n'ayant plus au trône un fâcheux concurrent,

De tous les criminels vous serez le plus grand.

ÉTÉOCLE.

Eh bien, madame, eh bien, il faut vous satisfaire ;
Il faut sortir du trône et couronner mon frère ;
Il faut, pour seconder votre injuste projet,
De son roi que j'étois devenir son sujet ;
Et, pour vous élever au comble de la joie,
Il faut à sa fureur que je me livre en proie ;
Il faut par mon trépas....

JOCASTE.

Ah ! ciel, quelle rigueur !
Que vous pénétrez mal dans le fond de mon cœur !
Je ne demande pas que vous quittiez l'empire :
Régnez toujours, mon fils, c'est ce que je désire.
Mais si tant de malheurs vous touchent de pitié,
Si pour moi votre cœur garde quelque amitié,
Et si vous prenez soin de votre gloire même,
Associez un frère à cet honneur suprême :
Ce n'est qu'un vain éclat qu'il recevra de vous ;
Votre règne en sera plus puissant et plus doux ;
Les peuples, admirant cette vertu sublime,
Voudront toujours pour prince un roi si magnanime ;
Et cet illustre effort, loin d'affoiblir vos droits,
Vous rendra le plus juste et le plus grand des rois.
Ou, s'il faut que mes vœux vous trouvent inflexible,
Si la paix à ce prix vous paroît impossible,
Et si le diadème a pour vous tant d'attraits ,
Au moins consolez-moi de quelque heure de paix :
Accordez cette grâce aux larmes d'une mère.
Et cependant, mon fils, j'irai voir votre frère :
La pitié dans son ame aura peut-être lieu ;
Ou du moins pour jamais j'irai lui dire adieu.
Dès ce même moment permettez que je sorte :
J'irai jusqu'à sa tente, et j'irai sans escorte ;
Par mes justes soupirs j'espère l'émouvoir.

ÉTÉOCLE.

Madame, sans sortir vous le pouvez revoir ;
Et, si cette entrevue a pour vous tant de charmes,
Il ne tiendra qu'à lui de suspendre nos armes.
Vous pouvez dès cette heure accomplir vos souhaits,
Et le faire venir jusque dans ce palais.
J'irai plus loin encore ; et, pour faire connoître
Qu'il a tort en effet de me nommer un traître,
Et que je ne suis pas un tyran odieux,
Que l'on fasse parler et le peuple et les dieux.
Si le peuple y consent je lui cède ma place ;
Mais qu'il se rende enfin si le peuple le chasse.
Je ne force personne, et j'engage ma foi
De laisser aux Thébains à se choisir un roi.

SCÈNE IV.

JOCASTE, ÉTÉOCLE, ANTIGONE, CRÉON, OLYMPE.

CRÉON.

Seigneur, votre sortie a mis tout en alarmes ;
Thèbes, qui croit vous perdre, est déjà toute en larmes ;
L'épouvante et l'horreur règnent de toutes parts,
Et le peuple effrayé tremble sur ses remparts.

ÉTÉOCLE.

Cette vaine frayeur sera bientôt calmée.
Madame, je m'en vais retrouver mon armée ;
Cependant vous pouvez accomplir vos souhaits,
Faire entrer Polynice, et lui parler de paix.
Créon, la reine ici commande en mon absence ;
Disposez tout le monde à son obéissance ;
Laissez pour recevoir et pour donner ses lois
Votre fils Ménécée, et j'en ai fait le choix :

Comme il a de l'honneur autant que de courage,
Ce choix aux ennemis ôtera tout ombrage,
Et sa vertu suffit pour les rendre assurés.

(A Créon.)

Commandez-lui, madame. Et vous, vous me suivrez.

CRÉON.

Quoi, seigneur !....

ÉTÉOCLE.

Oui, Créon, la chose est résolue.

CRÉON.

Et vous quittez ainsi la puissance absolue ?

ÉTÉOCLE.

Que je la quitte, ou non, ne vous tourmentez pas ;
Faites ce que j'ordonne, et venez sur mes pas.

SCÈNE V.

JOCASTE, ANTIGONE, CRÉON, OLYMPE.

CRÉON.

Qu'avez-vous fait, madame ? et par quelle conduite
Forcez-vous un vainqueur à prendre ainsi la fuite ?
Ce conseil va tout perdre.

JOCASTE.

Il va tout conserver ;
Et par ce seul conseil Thèbes se peut sauver.

CRÉON,

Eh quoi, madame, eh quoi! dans l'état où nous sommes,
Lorsqu'avec un renfort de plus de six mille hommes
La fortune promet toute chose aux Thébains,
Le roi se laisse ôter la victoire des mains !

JOCASTE.

La victoire, Créon, n'est pas toujours si belle ;

La honte et les remords vont souvent après elle.
Quand deux frères armés vont s'égorger entre eux,
Ne les pas séparer c'est les perdre tous deux.
Peut-on faire au vainqueur une injure plus noire
Que lui laisse gagner une telle victoire ?

CRÉON.

Leur courroux est trop grand....

JOCASTE.

Il peut être adouci.

CRÉON.

Tous deux veulent régner.

JOCASTE.

Ils régneront aussi.

CRÉON.

On ne partage point la grandeur souveraine ,
Et ce n'est pas un bien qu'on quitte et qu'on reprenne.

JOCASTE.

L'intérêt de l'état leur servira de loi.

CRÉON.

L'intérêt de l'état est de n'avoir qu'un roi,
Qui, d'un ordre constant gouvernant ses provinces,
Accoutume à ses lois et le peuple et les princes.
Ce règne interrompu de deux rois différens
En lui donnant deux rois lui donne deux tyrans.
Par un ordre souvent l'un à l'autre contraire
Un frère détruiroit ce qu'auroit fait un frère.
Vous les verriez toujours former quelque attentat,
Et changer tous les ans la face de l'état.
Ce terme limité que l'on veut leur prescrire
Accroît leur violence en bornant leur empire.
Tous deux feront gémir les peuples tour à tour :
Pareils à ces torrens qui ne durent qu'un jour,
Plus leur cours est borné, plus ils font de ravage,
Et d'horribles dégâts signalent leur passage.

JOCASTE.

On les verroit plutôt par de nobles projets
Se disputer tous deux l'amour de leurs sujets.
Mais avouez, Créon, que toute votre peine
C'est de voir que la paix rend votre attente vaine ;
Qu'elle assure à mes fils le trône où vous tendez,
Et va rompre le piége où vous les attendez.
Comme, après leur trépas, le droit de la naissance
Fait tomber en vos mains la suprême puissance,
Le sang qui vous unit aux deux princes mes fils
Vous fait trouver en eux vos plus grands ennemis ;
Et votre ambition, qui tend à leur fortune,
Vous donne pour tous deux une haine commune.
Vous inspirez au roi vos conseils dangereux,
Et vous en servez un pour les perdre tous deux.

CRÉON.

Je ne me repais point de pareilles chimères :
Mes respects pour le roi sont ardens et sincères,
Et mon ambition est de le maintenir
Au trône où vous croyez que je veux parvenir.
Le soin de sa grandeur est le seul qui m'anime ;
Je hais ses ennemis, et c'est là tout mon crime :
Je ne m'en cache point. Mais, à ce que je voi,
Chacun n'est pas ici criminel comme moi.

JOCASTE.

Je suis mère, Créon ; et, si j'aime son frère,
La personne du roi ne m'en est pas moins chère.
De lâches courtisans peuvent bien le haïr,
Mais une mère enfin ne peut pas se trahir.

ANTIGONE.

Vos intérêts ici sont conformes aux nôtres,
Les ennemis du roi ne sont pas tous les vôtres.
Créon, vous êtes père, et dans ces ennemis
Peut-être songez-vous que vous avez un fils.
On sait de quelle ardeur Hémon sert Polynice.

CRÉON.

Oui, je le sais, madame, et je lui fais justice.
Je le dois en effet distinguer du commun;
Mais c'est pour le haïr encor plus que pas un :
Et je souhaiterois, dans ma juste colère,
Que chacun le haït comme le hait son père.

ANTIGONE.

Après tout ce qu'a fait la valeur de son bras,
Tout le monde en ce point ne vous ressemble pas.

CREON.

Je le vois bien, madame, et c'est ce qui m'afflige :
Mais je sais bien à quoi sa révolte m'oblige ;
Et tous ces beaux exploits qui le font admirer,
C'est ce qui me le fait justement abhorrer.
La honte suit toujours le parti des rebelles :
Leurs grandes actions sont les plus criminelles.
Ils signalent leur crime en signalant leur bras,
Et la gloire n'est point où les rois ne sont pas.

ANTIGONE.

Ecoutez un peu mieux la voix de la nature.

CRÉON.

Plus l'offenseur m'est cher, plus je ressens l'injure.

ANTIGONE.

Mais un père à ce point doit-il être emporté ?
Vous avez trop de haine.

CREON.

Et vous trop de bonté.
C'est trop parler, madame, en faveur d'un rebelle.

ANTIGONE.

L'innocence vaut bien que l'on parle pour elle.

CRÉON.

Je sais ce qui le rend innocent à vos yeux.

ANTIGONE.

Et je sais quel sujet vous le rend odieux.

CRÉON.

L'amour a d'autres yeux que le commun des hommes.

JOCASTE.

Vous abusez, Créon, de l'état où nous sommes;
Tout vous semble permis : mais craignez mon courroux;
Vos libertés enfin retomberoient sur vous.

ANTIGONE.

L'intérêt du public agit peu sur son ame,
Et l'amour du pays nous cache une autre flamme.
Je la sais : mais, Créon, j'en abhorre le cours;
Et vous ferez bien mieux de la cacher toujours.

CRÉON.

Je le ferai, madame , et je veux par avance
Vous épargner encor jusques à ma présence.
Aussi bien mes respects redoublent vos mépris,
Et je vais faire place à ce bienheureux fils.
Le roi m'appelle ailleurs, il faut que j'obéisse.
Adieu. Faites venir Hémon et Polynice.

JOCASTE.

N'en doute pas, méchant, ils vont venir tous deux;
Tous deux ils préviendront tes desseins malheureux.

SCÈNE VI.

JOCASTE, ANTIGONE, OLYMPE.

ANTIGONE.

Le perfide! A quel point son insolence monte !

JOCASTE.

Ses superbes discours tourneront à sa honte.
Bientôt, si nos désirs sont exaucés des cieux,
La paix nous vengera de cet ambitieux.
Mais il faut se hâter, chaque heure nous est chére :

Appelons promptement Hémon et votre frère ;
Je suis pour ce dessein prête à leur accorder
Toutes les sûretés qu'ils pourront demander.
Et toi, si mes malheurs ont lassé ta justice,
Ciel, dispose à la paix le cœur de Polynice ;
Seconde mes soupirs, donne force à mes pleurs,
Et comme il faut enfin fais parler mes douleurs !

ANTIGONE seule.

Et si tu prends pitié d'une flamme innocente,
O ciel, en ramenant Hémon à son amante,
Ramène-le fidèle, et permets en ce jour
Qu'en retrouvant l'amant je retrouve l'amour.

ACTE SECOND.

SCÈNE I.

ANTIGONE, HÉMON.

HÉMON.

Quoi! vous me refusez votre aimable présence
Après un an entier de supplice et d'absence!
Ne m'avez-vous, madame, appelé près de vous
Que pour m'ôter sitôt un bien qui m'est si doux?

ANTIGONE.

Et voulez-vous sitôt que j'abandonne un frère!
Ne dois-je pas au temple accompagner ma mère?
Et dois-je préférer, au gré de vos souhaits,
Le soin de votre amour à celui de la paix?

HÉMON.

Madame, à mon bonheur c'est chercher trop d'obstacles;
Ils iront bien sans nous consulter les oracles.
Permettez que mon cœur, en voyant vos beaux yeux,
De l'état de son sort interroge ses dieux.
Puis-je leur demander sans être téméraire
S'ils ont toujours pour moi leur douceur ordinaire?
Souffrent-ils sans couroux mon ardente amitié?
Et du mal qu'ils ont fait ont-ils quelque pitié?
Durant le triste cours d'une absence cruelle
Avez-vous souhaité que je fusse fidèle?
Songiez-vous que la mort menaçoit loin de vous
Un amant qui ne doit mourir qu'à vos genoux?
Ah! d'un si bel objet quand une ame est blessée,
Quand un cœur jusqu'à vous élève sa pensée,

Qu'il est doux d'adorer tant de divins appas!
Mais aussi que l'on souffre en ne les voyant pas!
Un moment loin de vous me duroit une année :
J'aurois fini cent fois ma triste destinée
Si je n'eusse songé, jusques à mon retour,
Que mon éloignement vous prouvoit mon amour,
Et que le souvenir de mon obéissance
Pourroit en ma faveur parler en mon absence,
Et que pensant à moi vous penseriez aussi
Qu'il faut aimer beaucoup pour obéir ainsi.

ANTIGONE.

Oui, je l'avois bien cru qu'une ame si fidèle
Trouveroit dans l'absence une peine cruelle ;
Et, si mes sentimens se doivent découvrir,
Je souhaitois, Hémon, qu'elle vous fît souffrir,
Et qu'étant loin de moi quelque ombre d'amertume
Vous fît trouver les jours plus longs que de coutume.
Mais ne vous plaignez pas : mon cœur chargé d'ennui
Ne vous souhaitoit rien qu'il n'éprouvât en lui,
Surtout depuis le temps que dure cette guerre,
Et que de gens armés vous couvrez cette terre.
Oh! dieux, à quels tourmens mon cœur s'est vu soumis,
Voyant des deux côtés ses plus tendres amis !
Mille objets de douleur déchiroient mes entrailles ;
J'en voyois et dehors et dedans nos murailles :
Chaque assaut à mon cœur livroit mille combats,
Et mille fois le jour je souffrois le trépas.

HEMON.

Mais enfin qu'ai-je fait, en ce malheur extrême,
Que ne m'ait ordonné ma princesse elle-même?
J'ai suivi Polynice ; et vous l'avez voulu,
Vous me l'avez prescrit par un ordre absolu.
Je lui vouai dès lors une amitié sincère ;
Je quittai mon pays, j'abandonnai mon père ;
Sur moi par ce départ j'attirai son courroux ;

Et, pour tout dire enfin, je m'éloignai de vous.

ANTIGONE.

Je m'en souviens, Hémon, et je vous fais justice;
C'est moi que vous serviez en servant Polynice :
Il m'étoit cher alors comme il l'est aujourd'hui,
Et je prenois pour moi ce qu'on faisoit pour lui.
Nous nous aimions tous deux dès la plus tendre enfance,
Et j'avois sur son cœur une entière puissance ;
Je trouvois à lui plaire une extrême douceur,
Et les chagrins du frère étoient ceux de la sœur.
Ah! si j'avois encor sur lui le même empire,
Il aimeroit la paix, pour qui mon cœur soupire ;
Notre commun malheur en seroit adouci :
Je le verrois, Hémon ; vous me verriez aussi !

HÉMON.

De cette affreuse guerre il abhorre l'image.
Je l'ai vu soupirer de douleur et de rage
Lorsque pour remonter au trône paternel
On le força de prendre un chemin si cruel.
Espérons que le ciel, touché de nos misères,
Achevera bientôt de réunir les frères :
Puisse-t-il rétablir l'amitié dans leur cœur,
Et conserver l'amour dans celui de la sœur !

ANTIGONE.

Hélas! ne doutez point que ce dernier ouvrage
Ne lui soit plus aisé que de calmer leur rage :
Je les connois tous deux, et je répondrois bien
Que leur cœur, cher Hémon, est plus dur que le mien.
Mais les dieux quelquefois font de plus grands miracles.

SCÈNE II.

ANTIGONE, HÉMON, OLYMPE.

ANTIGONE.

Eh bien! apprendrons-nous ce qu'ont dit les oracles?
Que faut-il faire?

OLYMPE.

Hélas!

ANTIGONE.

Quoi! qu'en a-t-on appris?
Est-ce la guerre, Olympe?

OLYMPE.

Ah! c'est encore pis!

HÉMON.

Quel est donc ce grand mal que leur courroux annonce?

OLYMPE.

Prince, pour en juger écoutez leur réponse :
« Thébains, pour n'avoir plus de guerres,
« Il faut par un ordre fatal
« Que le dernier du sang royal
« Par son trépas ensanglante vos terres. »

ANTIGONE.

O dieux, que vous a fait ce sang infortuné,
Et pourquoi tout entier l'avez-vous condamné?
N'êtes-vous pas contens de la mort de mon père?
Tout notre sang doit-il sentir votre colère?

HÉMON.

Madame, cet arrêt ne vous regarde pas;
Votre vertu vous met à couvert du trépas :
Les dieux savent trop bien connoître l'innocence.

ANTIGONE.

Hé! ce n'est pas pour moi que je crains leur vengeance.

Mon innocence, Hémon, seroit un foible appui ;
Fille d'OEdipe, il faut que je meure pour lui.
Je l'attends cette mort, et je l'attends sans plainte ;
Et, s'il faut avouer le sujet de ma crainte,
C'est pour vous que je crains ; oui, cher Hémon, pour vous :
De ce sang malheureux vous sortez comme nous ;
Et je ne vois que trop que le courroux céleste
Vous rendra comme à nous cet honneur bien funeste,
Et fera regretter aux princes des Thébains
De n'être pas sortis du dernier des humains.

HÉMON.

Peut-on se repentir d'un si grand avantage ?
Un si noble trépas flatte trop mon courage ;
Et du sang de ses rois il est beau d'être issu,
Dût-on rendre ce sang sitôt qu'on l'a reçu.

ANTIGONE.

Eh quoi ! si parmi nous on a fait quelque offense,
Le ciel doit-il sur vous en prendre la vengeance ?
Et n'est-ce pas assez du père et des enfans,
Sans qu'il aille plus loin chercher des innocens ?
C'est à nous à payer pour les crimes des nôtres.
Punissez-nous, grands dieux, mais épargnez les autres !
Mon père, cher Hémon, va vous perdre aujourd'hui ;
Et je vous perds peut-être encore plus que lui :
Le ciel punit sur vous et sur votre famille
Et les crimes du père et l'amour de la fille ;
Et ce funeste amour vous nuit encore plus
Que les crimes d'OEdipe et le sang de Laïus.

HEMON.

Quoi ! mon amour, madame ? Et qu'a-t-il de funeste ?
Est-ce un crime qu'aimer une beauté céleste ?
Et puisque sans colère il est reçu de vous
En quoi peut-il du ciel mériter le courroux ?
Vous seule en mes soupirs êtes intéressée ;

C'est à vous à juger s'ils vous ont offensée :
Tels que seront pour eux vos arrêts tout puissans,
Ils seront criminels ou seront innocens.
Que le ciel à son gré de ma perte dispose,
J'en chérirai toujours et l'une et l'autre cause,
Glorieux de mourir pour le sang de mes rois,
Et plus heureux encor de mourir sous vos lois.
Aussi bien que ferois-je en ce commun naufrage?
Pourrois-je me résoudre à vivre davantage?
En vain les dieux voudroient différer mon trépas,
Mon désespoir feroit ce qu'ils ne feroient pas.
Mais peut-être, après tout, notre frayeur est vaine ;
Attendons.... Mais voici Polynice et la reine.

SCÈNE III.

JOCASTE, POLYNICE, ANTIGONE, HÉMON.

POLYNICE.

Madame, au nom des dieux, cessez de m'arrêter :
Je vois bien que la paix ne peut s'exécuter.
J'espérois que du ciel la justice infinie
Voudroit se déclarer contre la tyrannie,
Et que, lassé de voir répandre tant de sang,
Il rendroit à chacun son légitime rang :
Mais puisque ouvertement il tient pour l'injustice,
Et que des criminels il se rend le complice,
Dois-je encore espérer qu'un peuple révolté,
Quand le ciel est injuste, écoute l'équité?
Dois-je prendre pour juge une troupe insolente,
D'un fier usurpateur ministre violente,
Qui sert mon ennemi par un lâche intérêt,
Et qu'il anime encor tout éloigné qu'il est?
La raison n'agit point sur une populace.

De ce peuple déjà j'ai ressenti l'audace :
Et, loin de me reprendre après m'avoir chassé,
Il croit voir un tyran dans un prince offensé.
Comme sur lui l'honneur n'eut jamais de puissance,
Il croit que tout le monde aspire à la vengeance :
De ses inimitiés rien n'arrête le cours,
Quand il hait une fois il veut haïr toujours.

JOCASTE.

Mais s'il est vrai, mon fils, que ce peuple vous craigne,
Et que tous les Thébains redoutent votre règne,
Pourquoi par tant de sang cherchez-vous à régner
Sur ce peuple endurci que rien ne peut gagner.

POLYNICE.

Est-ce au peuple, madame, à se choisir un maître?
Sitôt qu'il hait un roi doit-on cesser de l'être?
Sa haine ou son amour, sont-ce les premiers droits
Qui font monter au trône ou descendre les rois?
Que le peuple à son gré nous craigne ou nous chérisse,
Le sang nous met au trône, et non pas son caprice :
Ce que le sang lui donne, il le doit accepter ;
Et s'il n'aime son prince il le doit respecter.

JOCASTE.

Vous serez un tyran haï de vos provinces.

POLYNICE.

Ce nom ne convient pas aux légitimes princes;
De ce titre odieux mes droits me sont garans :
La haine des sujets ne fait pas les tyrans.
Appelez de ce nom Etéocle lui-même.

JOCASTE.

Il est aimé de tous.

POLYNICE.

C'est un tyran qu'on aime,
Qui par cent lâchetés tâche à se maintenir
Au rang où par la force il a su parvenir ;

Et son orgueil le rend, par un effet contraire,
Esclave de son peuple et tyran de son frère.
Pour commander tout seul il veut bien obéir,
Et se fait mépriser pour me faire haïr.
Ce n'est pas sans sujet qu'on me préfère un traître :
Le peuple aime un esclave, et craint d'avoir un maître.
Mais je croirois trahir la majesté des rois
Si je faisois le peuple arbitre de mes droits.

JOCASTE.

Ainsi donc la discorde a pour vous tant de charmes!
Vous lassez-vous déjà d'avoir posé les armes?
Ne cesserons-nous point, après tant de malheurs,
Vous de verser du sang, moi de verser des pleurs?
N'accorderez-vous rien aux larmes d'une mère ?
Ma fille, s'il se peut, retenez votre frère :
Le cruel pour vous seule avoit de l'amitié.

ANTIGONE.

Ah! si pour vous son ame est sourde à la pitié,
Que pourrois-je espérer d'une amitié passée,
Qu'un long éloignement n'a que trop effacée!
A peine en sa mémoire ai-je encor quelque rang:
Il n'aime, il ne se plaît qu'à répandre du sang.
Ne cherchez plus en lui ce prince magnanime,
Ce prince qui montroit tant d'horreur pour le crime,
Dont l'ame généreuse avoit tant de douceur,
Qui respectoit sa mère et chérissoit sa sœur :
La nature pour lui n'est plus qu'une chimère ;
Il méconnoît sa sœur, il méprise sa mère;
Et l'ingrat, en l'état où son orgueil l'a mis,
Nous croit des étrangers ou bien des ennemis.

POLYNICE.

N'imputez point ce crime à mon ame affligée :
Dites plutôt, ma sœur, que vous êtes changée;
Dites que de mon rang l'injuste usurpateur

M'a su ravir encor l'amitié de ma sœur.
Je vous connois toujours, et suis toujours le même.

ANTIGONE.

Est-ce m'aimer, cruel, autant que je vous aime
Que d'être inexorable à mes tristes soupirs,
Et m'exposer encore à tant de déplaisirs?

POLYNICE.

Mais vous-même, ma sœur, est-ce aimer votre frère
Que de lui faire ainsi cette injuste prière,
Et me vouloir ravir le sceptre de la main?
Dieux! qu'est-ce qu'Etéocle a de plus inhumain!
C'est trop favoriser un tyran qui m'outrage.

ANTIGONE.

Non, non, vos intérêts me touchent davantage:
Ne croyez pas mes pleurs perfides à ce point;
Avec vos ennemis ils ne conspirent point.
Cette paix que je veux me seroit un supplice
S'il en devoit coûter le sceptre à Polynice;
Et l'unique faveur, mon frère, où je prétends
C'est qu'il me soit permis de vous voir plus long-temps.
Seulement quelques jours souffrez que l'on vous voie,
Et donnez-nous le temps de chercher quelque voie
Qui puisse vous remettre au rang de vos aïeux
Sans que vous répandiez un sang si précieux.
Pouvez-vous refuser cette grâce légère
Aux larmes d'une sœur, aux soupirs d'une mère?

JOCASTE.

Mais quelle crainte encor vous peut inquiéter?
Pourquoi si promptement voulez-vous nous quitter?
Quoi! ce jour tout entier n'est-il pas de la trêve?
Dès qu'elle a commencé faut-il qu'elle s'achève?
Vous voyez qu'Etéocle a mis les armes bas:
Il veut que je vous voie, et vous ne voulez pas.

ANTIGONE.

Oui, mon frère, il n'est pas comme vous inflexible ;
Aux larmes de sa mère il a paru sensible ;
Nos pleurs ont désarmé sa colère aujourd'hui :
Vous l'appelez cruel, vous l'êtes plus que lui.

HÉMON.

Seigneur, rien ne vous presse; et vous pouvez sans peine
Laisser agir encor la princesse et la reine :
Accordez tout ce jour à leur pressant désir;
Voyons si leur dessein ne pourra réussir.
Ne donnez pas la joie au prince votre frère
De dire que sans vous la paix se pouvoit faire.
Vous aurez satisfait une mère, une sœur,
Et vous aurez surtout satisfait votre honneur.
Mais que veut ce soldat? son ame est tout émue.

SCÈNE IV.

JOCASTE, POLYNICE, ANTIGONE, HÉMON,
UN SOLDAT.

LE SOLDAT à Polynice.

Seigneur, on est aux mains, et la trève est rompue.
Créon et les Thébains, par ordre de leur roi,
Attaquent votre armée, et violent leur foi.
Le brave Hippomédon s'efforce, en votre absence,
De soutenir leur choc de toute sa puissance.
Par son ordre, seigneur, je vous viens avertir.

POLYNICE.

Ah! les traîtres! Allons, Hémon, il faut sortir.

(A la reine.)

Madame, vous voyez comme il tient sa parole.
Mais il veut le combat, il m'attaque, et j'y vole.

JOCASTE.

Polynice! mon fils!... Mais il ne m'entend plus;
Aussi bien que mes pleurs mes cris sont superflus.
Chère Antigone, allez, courez à ce barbare :
Du moins allez prier Hémon qu'il les sépare.
La force m'abandonne, et je n'y puis courir;
Tout ce que je puis faire, hélas! c'est de mourir.

ACTE TROISIÈME.

SCÈNE I.

JOCASTE, OLYMPE.

JOCASTE.

Olympe, va-t'en voir ce funeste spectacle ;
Va voir si leur fureur n'a point trouvé d'obstacle,
Si rien n'a pu toucher l'un ou l'autre parti.
On dit qu'à ce dessein Ménécée est sorti.

OLYMPE.

Je ne sais quel dessein animait son courage ;
Une héroïque ardeur brillait sur son visage.
Mais vous devez, madame, espérer jusqu'au bout.

JOCASTE.

Va tout voir, chère Olympe, et me viens dire tout ;
Eclaircis promptement ma triste inquiétude.

OLYMPE.

Mais vous dois-je laisser en cette solitude ?

JOCASTE.

Va ; je veux être seule en l'état où je suis,
Si toutefois on peut l'être avec tant d'ennuis.

SCÈNE II.

JOCASTE.

Dureront-ils toujours ces ennuis si funestes ?

N'épuiseront-ils point les vengeances célestes?
Me feront-ils souffrir tant de cruels trépas
Sans jamais au tombeau précipiter mes pas?
O ciel! que tes rigueurs seroient peu redoutables
Si la foudre d'abord accabloit les coupables!
Et que tes châtimens paroissent infinis
Quand tu laisses la vie à ceux que tu punis!
Tu ne l'ignores pas, depuis le jour infâme
Où de mon propre fils je me trouvai la femme
Le moindre des tourmens que mon cœur a soufferts
Egale tous les maux que l'on souffre aux enfers.
Et toutefois, ô dieux, un crime involontaire
Devoit-il attirer toute votre colère?
Le connoissois-je, hélas! ce fils infortuné?
Vous-mêmes dans mes bras vous l'avez amené.
C'est vous dont la rigueur m'ouvrit ce précipice.
Voilà de ces grands dieux la suprême justice!
Jusques au bord du crime ils conduisent nos pas;
Ils nous le font commettre, et ne l'excusent pas.
Prennent-ils donc plaisir à faire des coupables,
Afin d'en faire après d'illustres misérables?
Et ne peuvent-ils point quand ils sont en courroux
Chercher des criminels à qui le crime est doux?

SCÈNE III.

JOCASTE, ANTIGONE.

JOCASTE.

Eh bien, en est-ce fait? l'un ou l'autre perfide
Vient-il d'exécuter son noble parricide?
Parlez, parlez, ma fille.

ANTIGONE.

Ah! madame, en effet

15

L'oracle est accompli, le ciel est satisfait.

JOCASTE.

Quoi ! mes deux fils sont morts ?

ANTIGONE.

Un autre sang, madame,
Rend la paix à l'état et le calme à votre ame ;
Un sang digne des rois dont il est découlé,
Un héros pour l'état s'est lui-même immolé.
Je courois pour fléchir Hémon et Polynice :
Ils étoient déjà loin avant que je sortisse ;
Ils ne m'entendoient plus, et mes cris douloureux
Vainement par leur nom les rappelóient tous deux.
Ils ont tous deux volé vers le champ de bataille ;
Et moi je suis montée au haut de la muraille,
D'où le peuple étonné regardoit comme moi
L'approche d'un combat qui le glaçoit d'effroi.
A cet instant fatal le dernier de nos princes,
L'honneur de notre sang, l'espoir de nos provinces,
Ménécée en un mot, digne frère d'Hémon,
Et trop indigne aussi d'être fils de Créon,
De l'amour du pays montrant son ame atteinte,
Au milieu des deux camps s'est avancé sans crainte,
Et se faisant ouïr des Grecs et des Thébains,
« Arrêtez, a-t-il dit, arrêtez, inhumains ! »
Ces mots impérieux n'ont point trouvé d'obstacle.
Les soldats, étonnés de ce nouveau spectacle,
De leur noire fureur ont suspendu le cours,
Et ce prince aussitôt poursuivant son discours,
« Apprenez, a-t-il dit, l'arrêt des destinées,
« Par qui vous allez voir vos misères bornées.
« Je suis le dernier sang de vos rois descendu,
« Qui par l'ordre des dieux doit être répandu.
« Recevez donc ce sang que ma main va répandre,
» Et recevez la paix où vous n'osiez prétendre. »
Il se tait, et se frappe en achevant ces mots :

I. 5

Et les Thébains, voyant expirer ce héros,
Comme si leur salut devenoit leur supplice,
Regardent en tremblant ce noble sacrifice.
J'ai vu le triste Hémon abandonner son rang
Pour venir embrasser ce frère tout en sang :
Créon, à son exemple, a jeté bas les armes,
Et vers ce fils mourant est venu tout en larmes :
Et l'un et l'autre camp, les voyant retirés,
Ont quitté le combat et se sont séparés.
Et moi, le cœur tremblant et l'ame tout émue,
D'un si funeste objet j'ai détourné la vue,
De ce prince admirant l'héroïque fureur.

JOCASTE.

Comme vous je l'admire, et j'en frémis d'horreur.
Est-il possible, ô dieux, qu'après ce grand miracle
Le repos des Thébains trouve encor quelque obstacle !
Cet illustre trépas ne peut-il vous calmer,
Puisque même mes fils s'en laissent désarmer ?
La refuserez-vous cette noble victime ?
Si la vertu vous touche autant que fait le crime,
Si vous donnez les prix comme vous punissez,
Quels crimes par ce sang ne seront effacés ?

ANTIGONE.

Oui, oui, cette vertu sera récompensée ;
Les dieux sont trop payés du sang de Ménécée ;
Et le sang d'un héros auprès des immortels
Vaut seul plus que celui de mille criminels.

JOCASTE.

Connoissez mieux du ciel la vengeance fatale.
Toujours à ma douleur il met quelque intervalle :
Mais, hélas ! quand sa main semble me secourir,
C'est alors qu'il s'apprête à me faire périr.
Il a mis cette nuit quelque fin à mes larmes
Afin qu'à mon réveil je visse tout en armes.

S'il me flatte aussitôt de quelque espoir de paix,
Un oracle cruel me l'ôte pour jamais.
Il m'amène mon fils ; il veut que je le voie :
Mais, hélas ! combien cher me vend-il cette joie!
Ce fils est insensible et ne m'écoute pas ;
Et soudain il me l'ôte, et l'engage aux combats.
Ainsi, toujours cruel et toujours en colère,
Il feint de s'apaiser et devient plus sévère ;
Il n'interrompt ses coups que pour les redoubler,
Et retire son bras pour me mieux accabler.

ANTIGONE.

Madame, espérons tout de ce dernier miracle.

JOCASTE.

La haine de mes fils est un trop grand obstacle.
Polynice endurci n'écoute que ses droits :
Du peuple et de Créon l'autre écoute la voix ;
Oui, du lâche Créon. Cette ame intéressée
Nous ravit tout le fruit du sang de Ménécée :
En vain pour nous sauver ce grand prince se perd,
Le père nous nuit plus que le fils ne nous sert.
De deux jeunes héros cet infidèle père.....

ANTIGONE.

Ah! le voici, madame, avec le roi mon frère.

SCÈNE IV.

JOCASTE, ÉTÉOCLE, ANTIGONE, CRÉON.

JOCASTE.

Mon fils, c'est donc ainsi que l'on garde sa foi ?

ÉTÉOCLE.

Madame, ce combat n'est point venu de moi,
Mais de quelques soldats, tant d'Argos que des nôtres,

Qui, s'étant querellés les uns avec les autres,
Ont insensiblement tout le corps ébranlé,
Et fait un grand combat d'un simple démêlé.
La bataille sans doute alloit être cruelle,
Et son événement vidoit notre querelle,
Quand du fils de Créon l'héroïque trépas
De tous les combattans a retenu le bras.
Ce prince, le dernier de la race royale,
S'est appliqué des dieux la réponse fatale ;
Et lui-même à la mort il s'est précipité,
De l'amour du pays noblement transporté.

JOCASTE.

Ah ! si le seul amour qu'il eut pour sa patrie
Le rendit insensible aux douceurs de la vie,
Mon fils, ce même amour ne peut-il seulement
De votre ambition vaincre l'emportement ?
Un exemple si beau vous invite à le suivre.
Il ne faudra cesser de régner ni de vivre :
Vous pouvez en cédant un peu de votre rang
Faire plus qu'il n'a fait en versant tout son sang ;
Il ne faut que cesser de haïr votre frère ;
Vous ferez beaucoup plus que sa mort n'a su faire.
O dieux ! aimer un frère, est-ce un plus grand effort
Que de haïr la vie et courir à la mort ?
Et doit-il être enfin plus facile en un autre
De répandre son sang qu'en vous d'aimer le vôtre ?

ETÉOCLE.

Son illustre vertu me charme comme vous ;
Et d'un si beau trépas je suis même jaloux.
Et toutefois, madame, il faut que je vous die
Qu'un trône est plus pénible à quitter que la vie :
La gloire bien souvent nous porte à la haïr ;
Mais peu de souverains font gloire d'obéir.
Les dieux vouloient son sang, et ce prince sans crime
Ne pouvoit à l'état refuser sa victime.

Mais ce même pays qui demandoit son sang
Demande que je régne, et m'attache à mon rang.
Jusqu'à ce qu'il m'en ôte il faut que j'y demeure :
Il n'a qu'à prononcer, j'obéirai sur l'heure ;
Et Thébes me verra, pour apaiser son sort,
Et descendre du trône et courir à la mort.

CRÉON.

Ah! Ménécée est mort, le ciel n'en veut point d'autre :
Laissez couler son sang sans y mêler le vôtre ;
Et puisqu'il l'a versé pour nous donner la paix
Accordez-la, seigneur, à nos justes souhaits.

ÉTÉOCLE.

Eh quoi! même Créon pour la paix se déclare?

CRÉON.

Pour avoir trop aimé cette guerre barbare,
Vous voyez les malheurs où le ciel m'a plongé :
Mon fils est mort, seigneur.

ÉTÉOCLE.

Il faut qu'il soit vengé.

CRÉON.

Sur qui me vengerois-je en ce malheur extrême?

ÉTÉOCLE.

Vos ennemis, Créon, sont ceux de Thébes même :
Vengez-la, vengez-vous.

CRÉON.

Ah! dans ses ennemis
Je trouve votre frère, et je trouve mon fils :
Dois-je verser mon sang ou répandre le vôtre?
Et dois-je perdre un fils pour en venger un autre?
Seigneur, mon sang m'est cher, le vôtre m'est sacré ;
Serai-je sacrilége ou bien dénaturé?
Souillerai-je ma main d'un sang que je révère?
Serai-je parricide afin d'être bon père?
Un si cruel secours ne me peut soulager,

Et ce seroit me perdre au lieu de me venger.
Tout le soulagement où ma douleur aspire
C'est qu'au moins mes malheurs servent à votre empire.
Je me consolerai si ce fils que je plains
Assure par sa mort le repos des Thébains.
Le ciel promet la paix au sang de Ménécée ;
Achevez-la, seigneur, mon fils l'a commencée :
Accordez-lui ce prix qu'il en a prétendu ,
Et que son sang en vain ne soit pas répandu.

JOCASTE.

Non, puisqu'à nos malheurs vous devenez sensible,
Au sang de Ménécée il n'est rien d'impossible.
Que Thèbes se rassure après ce grand effort ;
Puisqu'il change votre ame il changera son sort.
La paix dès ce moment n'est plus désespérée :
Puisque Créon la veut, je la tiens assurée.
Bientôt ces cœurs de fer se verront adoucis :
Le vainqueur de Créon peut bien vaincre mes fils.

(À Étéocle.)

Qu'un si grand changement vous désarme et vous touche !
Quittez, mon fils, quittez cette haine farouche ;
Soulagez une mère, et consolez Créon ;
Rendez-moi Polynice, et lui rendez Hémon.

ÉTÉOCLE.

Mais enfin c'est vouloir que je m'impose un maître.
Vous ne l'ignorez pas, Polynice veut l'être ;
Il demande surtout le pouvoir souverain,
Et ne veut revenir que le sceptre à la main.

SCÈNE V.

JOCASTE, ÉTÉOCLE, ANTIGONE, CRÉON, ATTALE.

ATTALE à Étéocle.

Polynice, seigneur, demande une entrevue ;
C'est ce que d'un héraut nous apprend la venue.
Il vous offre, seigneur, ou de venir ici,
Ou d'attendre en son camp.

CRÉON.

Peut-être qu'adouci
Il songe à terminer une guerre si lente,
Et son ambition n'est plus si violente :
Par ce dernier combat il apprend aujourd'hui
Que vous êtes au moins aussi puissant que lui.
Les Grecs même sont las de servir sa colère ;
Et j'ai su depuis peu que le roi son beau-père,
Préférant à la guerre un solide repos,
Se réserve Mycène, et le fait roi d'Argos.
Tout courageux qu'il est, sans doute il ne souhaite
Que de faire en effet un honnête retraite.
Puisqu'il s'offre à vous voir, croyez qu'il veut la paix.
Ce jour la doit conclure ou la rompre à jamais.
Tâchez dans ce dessein de l'affermir vous-même,
Et lui promettez tout hormis le diadème.

ÉTÉOCLE.

Hormis le diadème il ne demande rien.

JOCASTE.

Mais voyez-le du moins.

CRÉON.

Oui, puisqu'il le veut bien :
Vous ferez plus tout seul que nous ne saurions faire,
Et le sang reprendra son empire ordinaire.

ÉTÉOCLE.

Allons donc le chercher.

JOCASTE.

Mon fils, au nom des dieux,
Attendez-le plutôt; voyez-le dans ces lieux.

ÉTÉOCLE.

Eh bien! madame, eh bien! qu'il vienne et qu'on lui donne
Toutes les sûretés qu'il faut pour sa personne.
Allons.

ANTIGONE.

Ah! si ce jour rend la paix aux Thébains
Elle sera, Créon, l'ouvrage de vos mains.

SCÈNE VI.

CRÉON, ATTALE.

CRÉON.

L'intérêt des Thébains n'est pas ce qui vous touche,
Dédaigneuse princesse; et cette ame farouche,
Qui semble me flatter après tant de mépris,
Songe moins à la paix qu'au retour de mon fils.
Mais nous verrons bientôt si la fière Antigone
Aussi bien que mon cœur dédaignera le trône;
Nous verrons, quand les dieux m'auront fait votre roi,
Si ce fils bienheureux l'emportera sur moi.

ATTALE.

Eh! qui n'admireroit un changement si rare?
Créon même, Créon pour la paix se déclare!

CRÉON.

Tu crois donc que la paix est l'objet de mes soins?

ATTALE.

Oui, je le crois, seigneur, quand j'y pensois le moins;

Et, voyant qu'en effet ce beau soin vous anime,
J'admire à tout moment cet effort magnanime
Qui vous fait mettre enfin votre haine au tombeau.
Ménécée en mourant n'a rien fait de plus beau;
Et qui peut immoler sa haine à sa patrie
Lui pourroit bien aussi sacrifier sa vie.

CRÉON.

Ah! sans doute, qui peut d'un généreux effort
Aimer son ennemi peut bien aimer la mort.
Quoi! je négligerois le soin de ma vengeance,
Et de mon ennemi je prendrois la défense!
De la mort de mon fils Polynice est l'auteur,
Et moi je deviendrois son lâche protecteur!
Quand je renoncerois à cette haine extrême,
Pourrois-je bien cesser d'aimer le diadème?
Non, non; tu me verras d'une constante ardeur
Haïr mes ennemis et chérir ma grandeur.
Le trône fit toujours mes ardeurs les plus chères:
Je rougis d'obéir où régnèrent mes pères;
Je brûle de me voir au rang de mes aïeux,
Et je l'envisageai dès que j'ouvris les yeux.
Surtout depuis deux ans ce noble soin m'inspire,
Je ne fais point de pas qui ne tende à l'empire:
Des princes mes neveux j'entretiens la fureur,
Et mon ambition autorise la leur.
D'Etéocle d'abord j'appuyai l'injustice;
Je lui fis refuser le trône à Polynice.
Tu sais que je pensois dès lors à m'y placer;
Et je l'y mis, Attale, afin de l'en chasser.

ATTALE.

Mais, seigneur, si la guerre eut pour vous tant charmes
D'où vient que de leurs mains vous arrachez les armes?
Et, puisque leur discorde est l'objet de vos vœux,
Pourquoi par vos conseils vont-ils se voir tous deux?

CRÉON.

Plus qu'à mes ennemis la guerre m'est mortelle,
Et le courroux du ciel me la rend trop cruelle :
Il s'arme contre moi de mon propre dessein ;
Il se sert de mon bras pour me percer le sein.
La guerre s'allumoit lorsque, pour mon supplice,
Hémon m'abandonna pour servir Polynice :
Les deux frères par moi devinrent ennemis ;
Et je devins, Attale, ennemi de mon fils.
Enfin ce même jour je fais rompre la trève,
J'excite le soldat, tout le camp se soulève,
On se bat ; et voilà qu'un fils désespéré
Meurt et rompt un combat que j'ai tant préparé.
Mais il me reste un fils, et je sens que je l'aime
Tout rebelle qu'il est et tout mon rival même :
Sans le perdre je veux perdre mes ennemis.
Il m'en coûteroit trop s'il m'en coûtoit deux fils.
Des deux princes d'ailleurs la haine est trop puissante :
Ne crois pas qu'à la paix jamais elle consente.
Moi-même je saurai si bien l'envenimer
Qu'ils périront tous deux plutôt que de s'aimer.
Les autres ennemis n'ont que de courtes haines ;
Mais quand de la nature on a brisé les chaînes,
Cher Attale, il n'est rien qui puisse réunir
Ceux que des nœuds si forts n'ont pas su retenir.
L'on hait avec excès lorsque l'on hait un frère.
Mais leur éloignement ralentit leur colère :
Quelque haine qu'on ait contre un fier ennemi,
Quand il est loin de nous on la perd à demi.
Ne t'étonne donc plus si je veux qu'ils se voient :
Je veux qu'en se voyant leurs fureurs se déploient ;
Que rappelant leur haine, au lieu de la chasser,
Ils s'étouffent, Attale, en voulant s'embrasser.

ATTALE.

Vous n'avez plus, seigneur, à craindre que vous-même :
On porte ses remords avec le diadème.

CRÉON.

Quand on est sur le trône on a bien d'autres soins ;
Et les remords sont ceux qui nous pèsent le moins.
Du plaisir de régner une ame possédée
De tout le temps passé détourne son idée,
Et de tout autre objet un esprit éloigné
Croit n'avoir point vécu tant qu'il n'a point régné.
Mais allons. Le remords n'est pas ce qui me touche,
Et je n'ai plus un cœur que le crime effarouche :
Tous les premiers forfaits coûtent quelques efforts ;
Mais, Attale, on commet les seconds sans remords.

ACTE QUATRIÈME.

SCÈNE I.

ÉTÉOCLE, CRÉON.

ÉTÉOCLE.

Oui, Créon, c'est ici qu'il doit bientôt se rendre ;
Et tous deux en ce lieu nous le pouvons attendre.
Nous verrons ce qu'il veut ; mais je répondrois bien
Que par cette entrevue on n'avancera rien.
Je connois Polynice, et son humeur altière ;
Je sais bien que sa haine est encor tout entière ;
Je ne crois pas qu'on puisse en arrêter le cours,
Et pour moi je sens bien que je le hais toujours.

CRÉON.

Mais s'il vous cède enfin la grandeur souveraine
Vous devez, ce me semble, apaiser votre haine.

ÉTÉOCLE.

Je ne sais si mon cœur s'apaisera jamais :
Ce n'est pas son orgueil, c'est lui seul que je hais.
Nous avons l'un et l'autre une haine obstinée :
Elle n'est pas, Créon, l'ouvrage d'une année ;
Elle est née avec nous, et sa noire fureur
Aussitôt que la vie entra dans notre cœur.
Nous étions ennemis dès la plus tendre enfance ;
Que dis-je ! nous l'étions avant notre naissance :
Triste et fatal effet d'un sang incestueux !
Pendant qu'un même sein nous renfermoit tous deux,

Dans les flancs de ma mère une guerre intestine
De nos divisions lui marqua l'origine.
Elles ont, tu le sais, paru dans le berceau,
Et nous suivront peut-être encor dans le tombeau.
On diroit que le ciel, par un arrêt funeste,
Voulut de nos parens punir ainsi l'inceste,
Et que dans notre sang il voulut mettre au jour
Tout ce qu'ont de plus noir et la haine et l'amour.
Et maintenant, Créon, que j'attends sa venue
Ne crois pas que pour lui ma haine diminue ;
Plus il approche, et plus il me semble odieux ;
Et sans doute il faudra qu'elle éclate à ses yeux.
J'aurois même regret qu'il me quittât l'empire :
Il faut, il faut qu'il fuie, et non qu'il se retire.
Je ne veux point, Créon, le haïr à moitié,
Et je crains son courroux moins que son amitié.
Je veux, pour donner cours à mon ardente haine,
Que sa fureur au moins autorise la mienne ;
Et, puisqu'enfin mon cœur ne sauroit se trahir,
Je veux qu'il me déteste afin de le haïr.
Tu verras que sa rage est encore la même,
Et que toujours son cœur aspire au diadème ;
Qu'il m'abhorre toujours et veut toujours régner,
Et qu'on peut bien le vaincre et non pas le gagner.

CRÉON.

Domptez-le donc, seigneur, s'il demeure inflexible ;
Quelque fier qu'il puisse être, il n'est pas invincible :
Et, puisque la raison ne peut rien sur son cœur,
Eprouvez ce que peut un bras toujours vainqueur.
Oui, quoique dans la paix je trouvasse des charmes,
Je serai le premier à reprendre les armes ;
Et si je demandois qu'on en rompît le cours
Je demande encor plus que vous régniez toujours.
Que la guerre s'enflamme et jamais ne finisse
S'il faut avec la paix recevoir Polynice.

Qu'on ne nous vienne plus vanter un bien si doux :
La guerre et ses horreurs nous plaisent avec vous.
Tout le peuple thébain vous parle par ma bouche ;
Ne le soumettez pas à ce prince farouche :
Si la paix se peut faire, il la veut comme moi ;
Surtout, si vous l'aimez, conservez-lui son roi.
Cependant écoutez le prince votre frère,
Et s'il se peut, seigneur, cachez votre colère ;
Feignez... Mais quelqu'un vient.

SCÈNE II.

ÉTÉOCLE, CRÉON, ATTALE.

ÉTÉOCLE.

Sont-ils bien près d'ici ?
Vont-ils venir, Attale ?

ATTALE.

Oui, seigneur, les voici.
Ils ont trouvé d'abord la princesse et la reine ;
Et bientôt ils seront dans la chambre prochaine.

ÉTÉOCLE.

Qu'ils entrent. Cette approche excite mon courroux.
Qu'on hait un ennemi quand il est près de nous !

CRÉON.

Ah ! le voici. (*A part*) Fortune, achève mon ouvrage,
Et livre-les tous deux aux transports de leur rage !

SCÈNE III.

JOCASTE, ÉTÉOCLE, POLYNICE, ANTIGONE, HÉMON, CRÉON.

JOCASTE.

Me voici donc tantôt au comble de mes vœux,
Puisque déjà le ciel vous rassemble tous deux.
Vous revoyez un frère, après deux ans d'absence,
Dans ce même palais où vous prîtes naissance :
Et moi, par un bonheur où je n'osois penser,
L'un et l'autre à la fois je vous puis embrasser.
Commencez donc, mes fils, cette union si chère,
Et que chacun de vous reconnoisse son frère.
Tous deux dans votre frère envisagez vos traits ;
Mais, pour en mieux juger, voyez-les de plus prés.
Surtout que le sang parle et fasse son office.
Approchez, Etéocle ; avancez, Polynice...
Eh quoi ! loin d'approcher vous reculez tous deux !
D'où vient ce sombre accueil et ces regards fâcheux ?
N'est-ce point que chacun, d'une ame irrésolue,
Pour saluer son frère attend qu'il le salue ;
Et qu'affectant l'honneur de céder le dernier
L'un ni l'autre ne veut s'embrasser le premier ?
Etrange ambition qui n'aspire qu'au crime,
Où le plus furieux passe pour magnanime !
Le vainqueur doit rougir en ce combat honteux ;
Et les premiers vaincus sont les plus généreux.
Voyons donc qui des deux aura plus de courage,
Qui voudra le premier triompher de sa rage...
Quoi ! vous n'en faites rien ! C'est à vous d'avancer,
Et, venant de si loin, vous devez commencer ;
Commencez, Polynice, embrassez votre frère ;
Et montrez...

ÉTÉOCLE.

Eh ! madame, à quoi bon ce mystère ?
Tous ces embrassemens ne sont guère à propos :
Qu'il parle, qu'il s'explique, et nous laisse en repos.

POLYNICE.

Quoi ! faut-il davantage expliquer mes pensées ?
On les peut découvrir par les choses passées ;
La guerre, les combats, tant de sang répandu,
Tout cela dit assez que le trône m'est dû.

ÉTÉOCLE.

Et ces mêmes combats, et cette même guerre,
Ce sang qui tant de fois a fait rougir la terre,
Tout cela dit assez que le trône est à moi ;
Et tant que je respire il ne peut être à toi.

POLYNICE.

Tu sais qu'injustement tu remplis cette place.

ÉTÉOCLE.

L'injustice me plaît pourvu que je t'en chasse.

POLYNICE.

Si tu n'en veux sortir tu pourras en tomber.

ÉTÉOCLE.

Si je tombe avec moi tu pourras succomber.

JOCASTE.

Oh ! dieux que je me vois cruellement déçue !
N'avois-je tant pressé cette fatale vue
Que pour les désunir encor plus que jamais ?
Ah ! mes fils, est-ce là comme on parle de paix ?
Quittez, au nom des dieux, ces tragiques pensées ;
Ne renouvelez point vos discordes passées :
Vous n'êtes pas ici dans un champ inhumain.
Est-ce moi qui vous mets les armes à la main ?
Considérez ces lieux où vous prîtes naissance ;
Leur aspect sur vos cœurs n'a-t-il point de puissance ?
C'est ici que tous deux vous reçûtes le jour ;

13

Tout ne vous parle ici que de paix et d'amour.
Ces princes, votre sœur, tout condamne vos haines ;
Enfin moi, qui pour vous pris toujours tant de peines,
Qui pour vous réunir immolerois... Hélas !
Ils détournent la tête et ne m'écoutent pas !
Tous deux pour s'attendrir ils ont l'ame trop dure ;
Ils ne connaissent plus la voix de la nature !

(A Polynice.)

Et vous, que je croyois plus doux et plus soumis...

POLYNICE.

Je ne veux rien de lui que ce qu'il m'a promis :
Il ne sauroit régner sans se rendre parjure.

JOCASTE.

Une extrême justice est souvent une injure.
Le trône vous est dû, je n'en saurois douter ;
Mais vous le renversez en voulant y monter.
Ne vous lassez-vous point de cette affreuse guerre ?
Voulez-vous sans pitié désoler cette terre,
Détruire cet empire afin de le gagner ?
Est-ce donc sur des morts que vous voulez régner ?
Thèbes avec raison craint le règne d'un prince
Qui de fleuves de sang inonde sa province :
Voudroit-elle obéir à votre injuste loi ?
Vous êtes son tyran avant qu'être son roi.
Dieux ! si devenant grand souvent on devient pire,
Si la vertu se perd quand on gagne l'empire,
Lorsque vous régnerez que serez-vous, hélas !
Si vous êtes cruel quand vous ne régnez pas !

POLYNICE.

Ah ! si je suis cruel on me force de l'être,
Et de mes actions je ne suis pas le maître.
J'ai honte des horreurs où je me vois contraint ;
Et c'est injustement que le peuple me craint.
Mais il faut en effet soulager ma patrie :

I. 4

De ses gémissemens mon ame est attendrie.
Trop de sang innocent se verse tous les jours ;
Il faut de ses malheurs que j'arrête le cours,
Et, sans faire gémir ni Thèbes ni la Grèce,
A l'auteur de mes maux il faut que je m'adresse :
Il suffit aujourd'hui de son sang ou du mien.

JOCASTE.

Du sang de votre frère ?

POLYNICE.

Oui, madame, du sien :
Il faut finir ainsi cette guerre inhumaine.
Oui, cruel, et c'est là le dessein qui m'amène ;
Moi-même à ce combat j'ai voulu t'appeler.
A tout autre qu'à toi je craignois d'en parler ;
Tout autre auroit voulu condamner ma pensée,
Et personne en ce lieu ne te l'eût annoncée :
Je te l'annonce donc. C'est à toi de prouver
Si ce que tu ravis tu sais le conserver.
Montre-toi digne enfin d'une si belle proie.

ÉTÉOCLE.

J'accepte ton dessein, et l'accepte avec joie ;
Créon sait là-dessus quel étoit mon désir :
J'eusse accepté le trône avec moins de plaisir.
Je te crois maintenant digne du diadème ;
Je te le vais porter au bout de ce fer même.

JOCASTE.

Hâtez-vous donc, cruels, de me percer le sein,
Et commencez par moi votre horrible dessein :
Ne considérez point que je suis votre mère ;
Considérez en moi celle de votre frère.
Si de votre ennemi vous recherchez le sang,
Recherchez-en la source en ce malheureux flanc ;
Je suis de tous les deux la commune ennemie,
Puisque votre ennemi reçut de moi la vie.

Cet ennemi sans moi ne verroit pas le jour.
S'il meurt, ne faut-il pas que je meure à mon tour?
N'en doutez point, sa mort me doit être commune;
Il faut en donner deux ou n'en donner pas une;
Et, sans être ni doux ni cruel à demi,
Il faut me perdre ou bien sauver votre ennemi.
Si la vertu vous plaît, si l'honneur vous anime,
Barbares, rougissez de commettre un tel crime :
Ou si le crime enfin vous plaît tant à chacun,
Barbares, rougissez de n'en commettre qu'un.
Aussi bien ce n'est point que l'amour vous retienne,
Si vous sauvez ma vie en poursuivant la sienne:
Vous vous garderiez bien, cruels, de m'épargner
Si je vous empêchois un moment de régner.
Polynice, est-ce ainsi que l'on traite une mère?

POLYNICE.

J'épargne mon pays.

JOCASTE.

Et vous tuez un frère!

POLYNICE.

Je punis un méchant.

JOCASTE.

Et sa mort aujourd'hui
Vous rendra plus coupable et plus méchant que lui.

POLYNICE.

Faut-il que de ma main je couronne ce traître,
Et que de cour en cour j'aille chercher un maître?
Qu'errant et vagabond je quitte mes états
Pour observer des lois qu'il ne respecte pas?
De ses propres forfaits serai-je la victime?
Le diadème est-il le partage du crime?
Quel droit ou quel devoir n'a-t-il point violé?
Et cependant il règne, et je suis exilé!

JOCASTE.

Mais si le roi d'Argos vous cède une couronne...

POLYNICE.

Dois-je chercher ailleurs ce que le sang me donne ?
En m'alliant chez lui n'aurai-je rien porté,
Et tiendrai-je mon rang de sa seule bonté ?
D'un trône qui m'est dû faut-il que l'on me chasse,
Et d'un prince étranger que je brigue la place?
Non, non ; sans m'abaisser à lui faire la cour
Je veux devoir le sceptre à qui je dois le jour.

JOCASTE.

Qu'on le tienne, mon fils, d'un beau-père ou d'un père,
La main de tous les deux vous sera toujours chère.

POLYNICE.

Non, non ; la différence est trop grande pour moi ;
L'un me feroit esclave, et l'autre me fait roi.
Quoi! ma grandeur seroit l'ouvrage d'une femme !
D'un éclat si honteux je rougirois dans l'ame.
Le trône sans l'amour me seroit donc fermé ?
Je ne régnerois pas si l'on ne m'eût aimé ?
Je veux m'ouvrir le trône, ou jamais n'y paroître ;
Et quand j'y monterai j'y veux monter en maître ;
Que le peuple à moi seul soit forcé d'obéir,
Et qu'il me soit permis de m'en faire haïr.
Enfin de ma grandeur je veux être l'arbitre,
N'être point roi, madame, ou l'être à juste titre ;
Que le sang me couronne ; ou, s'il ne suffit pas,
Je veux à son secours n'appeler que mon bras.

JOCASTE.

Faites plus, tenez tout de votre grand courage ;
Que votre bras tout seul fasse votre partage ;
Et, dédaignant les pas des autres souverains,
Soyez, mon fils, soyez l'ouvrage de vos mains.
Par d'illustres exploits couronnez-vous vous-même ;
Qu'un superbe laurier soit votre diadème.
Régnez et triomphez, et joignez à la fois

La gloire des héros à la pourpre des rois.
Quoi! votre ambition seroit-elle bornée
A régner tour à tour l'espace d'une année?
Cherchez à ce grand cœur, que rien ne peut dompter,
Quelque trône où vous seul ayez droit de monter.
Mille sceptres nouveaux s'offrent à votre épée
Sans que d'un sang si cher nous la voyions trempée.
Vos triomphes pour moi n'auront rien que de doux,
Et votre frère même ira vaincre avec vous.

POLYNICE.

Vous voulez que mon cœur, flatté de ces chimères,
Laisse un usurpateur au trône de mes pères?

JOCASTE.

Si vous lui souhaitez en effet tant de mal
Elevez-le vous-même à ce trône fatal.
Ce trône fut toujours un dangereux abîme;
La foudre l'environne aussi bien que le crime :
Votre père et les rois qui vous ont devancés
Sitôt qu'ils y montoient s'en sont vus renversés.

POLYNICE.

Quand je devrois au ciel rencontrer le tonnerre,
J'y monterois plutôt que de ramper à terre.
Mon cœur, jaloux du sort de ces grands malheureux,
Veut s'élever, madame, et tomber avec eux.

ÉTÉOCLE.

Je saurai t'épargner une chute si vaine.

POLYNICE.

Ah! ta chute, crois-moi, précédera la mienne.

JOCASTE.

Mon fils, son règne plaît.

POLYNICE.

　　　　　　　Mais il m'est odieux.

JOCASTE.

Il a pour lui le peuple.

POLYNICE.

         Et j'ai pour moi les dieux.

ÉTÉOCLE.

Les dieux de ce haut rang te vouloient interdire,
Puisqu'ils m'ont élevé le premier à l'empire :
Ils ne savoient que trop, lorsqu'ils firent ce choix,
Qu'on veut régner toujours quand on règne une fois.
Jamais dessus le trône on ne vit plus d'un maître;
Il n'en peut tenir deux, quelque grand qu'il puisse être;
L'un des deux tôt ou tard se verroit renversé ;
Et d'un autre soi-même on y seroit pressé.
Jugez donc, par l'horreur que ce méchant me donne,
Si je puis avec lui partager la couronne.

POLYNICE.

Et moi je ne veux plus, tant tu m'es odieux,
Partager avec toi la lumière des cieux.

JOCASTE.

Allez donc, j'y consens, allez perdre la vie ;
A ce cruel combat tous deux je vous convie ;
Puisque tous mes efforts ne sauroient vous changer,
Que tardez-vous? allez vous perdre et me venger,
Surpassez, s'il se peut, les crimes de vos pères:
Montrez en vous tuant comme vous êtes frères.
Le plus grand des forfaits vous a donné le jour,
Il faut qu'un crime égal vous l'arrache à son tour.
Je ne condamne plus la fureur qui vous presse;
Je n'ai plus pour mon sang ni pitié ni tendresse;
Votre exemple m'apprend à ne le plus chérir;
Et moi je vais, cruels, vous apprendre à mourir.

SCÈNE IV.

ANTIGONE, ÉTÉOCLE, POLYNICE, HÉMON,
CRÉON.

ANTIGONE.

Madame... ô ciel! que vois-je! hélas! rien ne les touche!

HÉMON.

Rien ne peut ébranler leur constance farouche.

ANTIGONE.

Princes...

ÉTÉOCLE.

Pour ce combat choisissons quelque lieu.

POLYNICE.

Courons. Adieu, ma sœur.

ÉTÉOCLE.

Adieu, princesse, adieu.

ANTIGONE.

Mes frères, arrêtez! Gardes, qu'on les retienne;
Joignez, unissez tous vos douleurs à la mienne.
C'est leur être cruel que de les respecter.

HÉMON.

Madame, il n'est plus rien qui les puisse arrêter.

ANTIGONE.

Ah! généreux Hémon, c'est vous seul que j'implore:
Si la vertu vous plaît, si vous m'aimez encore,
Et qu'on puisse arrêter leurs parricides mains,
Hélas! pour me sauver sauvez ces inhumains.

ACTE CINQUIÈME.

SCÈNE I.

ANTIGONE.

A quoi te résous-tu, princesse infortunée ?
   Ta mère vient de mourir dans tes bras ;
     Ne saurois-tu suivre ses pas,
  Et finir en mourant ta triste destinée ?
A de nouveaux malheurs te veux-tu réserver ?
Tes frères sont aux mains, rien ne peut les sauver
     De leurs cruelles armes.
Leur exemple t'anime à te percer le flanc ;
    Et toi seule verses des larmes :
    Tous les autres versent du sang.

Quelle est de mes malheurs l'extrémité mortelle !
   Où ma douleur doit-elle recourir ?
     Dois-je vivre ? dois-je mourir ?
Un amant me retient, une mère m'appelle ;
Dans la nuit du tombeau je la vois qui m'attend :
Ce que veut la raison, l'amour me le défend
     Et m'en ôte l'envie.
Que je vois de sujets d'abandonner le jour !
    Mais, hélas ! qu'on tient à la vie
    Quand on tient si fort à l'amour !

Oui, tu retiens, Amour, mon ame fugitive ;
   Je reconnois la voix de mon vainqueur :
    L'espérance est morte en mon cœur,

Et cependant tu vis, et tu veux que je vive ;
Tu dis que mon amant me suivroit au tombeau,
Que je dois de mes jours conserver le flambeau
    Pour sauver ce que j'aime.
Hémon, vois le pouvoir que l'amour a sur moi :
    Je ne vivrois pas pour moi-même,
    Et je veux bien vivre pour toi.

Si jamais tu doutas de ma flamme fidèle...
Mais voici du combat la funeste nouvelle.

SCÈNE II.

ANTIGONE, OLYMPE.

ANTIGONE.

Eh bien ! ma chère Olympe, as-tu vu ce forfait ?
OLYMPE.
J'y suis courue en vain, c'en étoit déjà fait.
Du haut de nos remparts j'ai vu descendre en larmes
Le peuple qui couroit et qui crioit aux armes ;
Et pour vous dire enfin d'où venoit sa terreur,
Le roi n'est plus, madame, et son frère est vainqueur.
On parle aussi d'Hémon ; on dit que son courage
S'est efforcé long-temps de suspendre leur rage,
Mais que tous ses efforts ont été superflus.
C'est ce que j'ai compris de mille bruits confus.
ANTIGONE.
Ah ! je n'en doute pas, Hémon est magnanime ;
Son grand cœur eut toujours trop d'horreur pour le crime :
Je l'avois conjuré d'empêcher ce forfait,
Et s'il l'avoit pu faire, Olympe, il l'auroit fait.
Mais, hélas ! leur fureur ne pouvoit se contraindre ;
Dans des ruisseaux de sang elle vouloit s'éteindre.

Princes dénaturés, vous voilà satisfaits ;
La mort seule entre vous pouvoit mettre la paix.
Le trône pour vous deux avoit trop peu de place ;
Il falloit entre vous mettre un plus grand espace,
Et que le ciel vous mît, pour finir vos discords,
L'un parmi les vivans, l'autre parmi les morts.
Infortunés tous deux, dignes qu'on vous déplore,
Moins malheureux pourtant que je ne suis encore,
Puisque de tous les maux qui sont tombés sur vous
Vous n'en sentez aucun, et que je les sens tous !

OLYMPE.

Mais pour vous ce malheur est un moindre supplice
Que si la mort vous eût enlevé Polynice ;
Ce prince étoit l'objet qui faisoit tous vos soins :
Les intérêts du roi vous touchoient beaucoup moins.

ANTIGONE.

Il est vrai, je l'aimois d'une amitié sincère ;
Je l'aimois beaucoup plus que je n'aimois son frère,
Et ce qui lui donnoit tant de part dans mes vœux,
Il étoit vertueux, Olympe, et malheureux.
Mais, hélas ! ce n'est plus ce cœur si magnanime,
Et c'est un criminel qu'a couronné son crime ;
Son frère plus que lui commence à me toucher ;
Devenant malheureux, il m'est devenu cher.

OLYMPE.

Créon vient.

ANTIGONE.

Il est triste, et j'en connois la cause :
Au courroux du vainqueur la mort du roi l'expose.
C'est de tous nos malheurs l'auteur pernicieux.

SCÈNE III.

ANTIGONE, CRÉON, OLYMPE, ATTALE,
GARDES.

CRÉON.

Madame, qu'ai-je appris en entra t dans ces lieux?
Est-il vrai que la reine...

ANTIGONE.

      Oui, Créon, elle est morte.

CRÉON.

O dieux, puis-je savoir de quelle étrange sorte
Ses jours infortunés ont éteint leur flambeau?

OLYMPE.

Elle-même, seigneur, s'est ouvert le tombeau,
Et, s'étant d'un poignard en un moment saisie,
Elle en a terminé ses malheurs et sa vie.

ANTIGONE.

Elle a su prévenir la perte de son fils.

CRÉON.

Ah! madame, il est vrai que les dieux ennemis...

ANTIGONE.

N'imputez qu'à vous seul la mort du roi mon frère,
Et n'en accusez point la céleste colère.
A ce combat fatal vous seul l'avez conduit:
Il a cru vos conseils; sa mort en est le fruit.
Ainsi de leurs flatteurs les rois sont les victimes;
Vous avancez leur perte en approuvant leurs crimes.
De la chute des rois vous êtes les auteurs;
Mais les rois en tombant entraînent leurs flatteurs.
Vous le voyez, Créon; sa disgrâce mortelle
Vous est funeste autant qu'elle nous est cruelle:

Le ciel en le perdant s'en est vengé sur vous,
Et vous avez peut-être à pleurer comme nous.

CRÉON.

Madame, je l'avoue, et les destins contraires
Me font pleurer deux fils si vous pleurez deux frères.

ANTIGONE.

Mes frères et vos fils! Dieux! que veut ce discours?
Quelque autre qu'Étéocle a-t-il fini ses jours?

CRÉON.

Mais ne savez-vous pas cette sanglante histoire?

ANTIGONE.

J'ai su que Polynice a gagné la victoire,
Et qu'Hémon a voulu les séparer en vain.

CRÉON.

Madame, ce combat est bien plus inhumain.
Vous ignorez encor mes pertes et les vôtres;
Mais, hélas! apprenez les unes et les autres.

ANTIGONE.

Rigoureuse fortune, achève ton courroux!
Ah! sans doute voici le dernier de tes coups!

CRÉON.

Vous avez vu, madame, avec quelle furie
Les deux princes sortoient pour s'arracher la vie;
Que d'une ardeur égale ils fuyoient de ces lieux,
Et que jamais leurs cœurs ne s'accordèrent mieux.
La soif de se baigner dans le sang de leur frère
Faisoit ce que jamais le sang n'avoit su faire:
Par l'excès de leur haine ils sembloient réunis,
Et, prêts à s'égorger, ils paroissoient amis.
Ils ont choisi d'abord pour leur champ de bataille
Un lieu près des deux camps, au pied de la muraille.
C'est là que, reprenant leur première fureur,
Ils commencent enfin ce combat plein d'horreur,
D'un geste menaçant, d'un œil brûlant de rage,

Dans le sein l'un de l'autre ils cherchent un passage ;
Et, la seule fureur précipitant leurs bras,
Tous deux semblent courir au devant du trépas.
Mon fils, qui de douleur en soupiroit dans l'ame,
Et qui se souvenoit de vos ordres, madame,
Se jette au milieu d'eux, et méprise pour vous
Leurs ordres absolus qui nous arrêtoient tous ;
Il leur retient le bras, les repousse, les prie,
Et pour les séparer s'expose à leur furie ;
Mais il s'efforce en vain d'en arrêter le cours,
Et ces deux furieux se rapprochent toujours.
Il tient ferme pourtant, et ne perd point courage ;
De mille coups mortels il détourne l'orage,
Jusqu'à ce que du roi le fer trop rigoureux,
Soit qu'il cherchât son frère ou ce fils malheureux,
Le renverse à ses pieds, prêt à rendre la vie.

ANTIGONE.

Et la douleur encor ne me l'a pas ravie !

CRÉON.

J'y cours, je le relève et le prends dans mes bras ;
En me reconnaissant, « Je meurs, dit-il tout bas,
« Trop heureux d'expirer pour ma belle princesse.
« En vain à mon secours votre amitié s'empresse ;
« C'est à ces furieux que vous devez courir :
« Séparez-les, mon père, et me laissez mourir. »
Il expire à ces mots. Ce barbare spectacle
A leur noire fureur n'apporte point d'obstacle :
Seulement Polynice en paraît affligé :
« Attends, Hémon, dit-il, tu vas être vengé. »
En effet sa douleur renouvelle sa rage,
Et le combat bientôt tourne à son avantage.
Le roi, frappé d'un coup qui lui perce le flanc,
Lui cède la victoire et tombe dans son sang.
Les deux camps aussitôt s'abandonnent en proie,
Le nôtre à la douleur, et les Grecs à la joie ;

Et le peuple, alarmé du trépas de son roi,
Sur le haut de ses tours témoigne son effroi.
Polynice, tout fier du succès de son crime,
Regarde avec plaisir expirer sa victime ;
Dans le sang de son frère il semble se baigner,
Et, « Tu meurs, lui dit-il, et moi je vais régner.
« Regarde dans mes mains l'empire et la victoire :
« Va rougir aux enfers de l'excès de ma gloire ;
« Et pour mourir encor avec plus de regret,
« Traître, songe en mourant que tu meurs mon sujet.»
En achevant ces mots d'une démarche fière
Il approche du roi couché sur la poussière,
Et pour le désarmer il avance le bras.
Le roi, qui semble mort, observe tous ses pas ;
Il le voit, il l'attend, et son ame irritée
Pour quelque grand dessein semble s'être arrêtée.
L'ardeur de se venger flatte encor ses désirs,
Et retarde le cours de ses derniers soupirs.
Prêt à rendre la vie, il en cache le reste,
Et sa mort au vainqueur est un piége funeste :
Et dans l'instant fatal que ce frère inhumain
Lui veut ôter le fer qu'il tenoit à la main,
Il lui perce le cœur, et son ame ravie
En achevant ce coup abandonne la vie.
Polynice frappé pousse un cri dans les airs,
Et son ame en courroux s'enfuit dans les enfers.
Tout mort qu'il est, madame, il garde sa colère ;
Et l'on diroit qu'encor il menace son frère :
Son visage, où la mort a répandu ses traits,
Demeure plus terrible et plus fier que jamais.

ANTIGONE.

Fatale ambition, aveuglement funeste !
D'un oracle cruel suite trop manifeste !
De tout le sang royal il ne reste que nous ;
Et plût aux dieux, Créon, qu'il ne restât que vous,

Et que mon désespoir, prévenant leur colère,
Eût suivi de plus près le trépas de ma mère.

CRÉON.

Il est vrai que des dieux le courroux embrasé
Pour nous faire périr semble s'être épuisé;
Car enfin sa rigueur, vous le voyez, madame,
Ne m'accable pas moins qu'elle afflige votre ame.
En m'arrachant mes fils...

ANTIGONE.

Ah! vous régnez, Créon;
Et le trône aisément vous console d'Hémon.
Mais laissez-moi, de grâce, un peu de solitude,
Et ne contraignez point ma triste inquiétude:
Aussi bien mes chagrins passeroient jusqu'à vous.
Vous trouverez ailleurs des entretiens plus doux:
Le trône vous attend, le peuple vous appelle;
Goûtez tout le plaisir d'une grandeur nouvelle.
Adieu. Nous ne faisons tous deux que nous gêner:
Je veux pleurer, Créon, et vous voulez régner.

CRÉON arrêtant Antigone.

Ah! madame, régnez et montez sur le trône:
Ce haut rang n'appartient qu'à l'illustre Antigone.

ANTIGONE.

Il me tarde déjà que vous ne l'occupiez.
La couronne est à vous.

CREON.

Je la mets à vos pieds.

ANTIGONE.

Je la refuserois de la main des dieux même;
Et vous osez, Créon, m'offrir le diadème!

CRÉON.

Je sais que ce haut rang n'a rien de glorieux
Qui ne cède à l'honneur de l'offrir à vos yeux.
D'un si noble destin je me connois indigne:

Mais si l'on peut prétendre à cette gloire insigne,
Si par d'illustres faits on la peut mériter,
Que faut-il faire enfin, madame?

CRÉON.

ANTIGONE.

M'imiter.

Que ne ferois-je point pour une telle grâce!
Ordonnez seulement ce qu'il faut que je fasse:
Je suis prêt...

ANTIGONE en s'en allant.

Nous verrons.

CREON la suivant.

J'attends vos lois ici.

ANTIGONE en s'en allant.

Attendez.

SCÈNE IV.

CRÉON, ATTALE, GARDES.

ATTALE.

Son courroux seroit-il adouci?
Croyez-vous la fléchir?

CRÉON.

Oui, oui, mon cher Attale:
Il n'est point de fortune à mon bonheur égale;
Et tu vas voir en moi, dans ce jour fortuné,
L'ambitieux au trône et l'amant couronné.
Je demandois au ciel la princesse et le trône;
Il me donne le sceptre, et m'accorde Antigone.
Pour couronner ma tête et ma flamme en ce jour
Il arme en ma faveur et la haine et l'amour;
Il allume pour moi deux passions contraires;
Il attendrit la sœur, il endurcit les frères;

15.

Il aigrit leur courroux, il fléchit sa rigueur,
Et m'ouvre en même temps et leur trône et son cœur.

ATTALE.

Il est vrai, vous avez toute chose prospère,
Et vous seriez heureux si vous n'étiez point père.
L'ambition, l'amour n'ont rien à désirer ;
Mais, seigneur, la nature a beaucoup à pleurer :
En perdant vos deux fils...

CRÉON.

Oui, leur perte m'afflige :
Je sais ce que de moi le rang de père exige ;
Je l'étois. Mais surtout j'étois né pour régner ;
Et je perds beaucoup moins que je ne crois gagner.
Le nom de père, Attale, est un titre vulgaire ;
C'est un don que le ciel ne nous refuse guère :
Un bonheur si commun n'a pour moi rien de doux ;
Ce n'est pas un bonheur s'il ne fait des jaloux.
Mais le trône est un bien dont le ciel est avare ;
Du reste des mortels ce haut rang nous sépare ;
Bien peu sont honorés d'un don si précieux :
La terre a moins de rois que le ciel n'a de dieux.
D'ailleurs tu sais qu'Hémon adoroit la princesse,
Et qu'elle eut pour ce prince une extrême tendresse :
S'il vivoit son amour au mien seroit fatal.
En me privant d'un fils le ciel m'ôte un rival.
Ne me parle donc plus que de sujets de joie :
Souffre qu'à mes transports je m'abandonne en proie ;
Et, sans me rappeler des ombres des enfers,
Dis-moi ce que je gagne et non ce que je perds.
Parle-moi de régner, parle-moi d'Antigone :
J'aurai bientôt son cœur, et j'ai déjà le trône.
Tout ce qui s'est passé n'est qu'un songe pour moi :
J'étois père et sujet, je suis amant et roi.
La princesse et le trône ont pour moi tant de charmes

Que... Mais Olympe vient.

ATTALE.

Dieux! elle est tout en larmes.

SCÈNE V.

CRÉON, OLYMPE, ATTALE, GARDES.

OLYMPE.

Qu'attendez-vous, seigneur? la princesse n'est plus.

CRÉON.

Elle n'est plus, Olympe!

OLYMPE.

Ah! regrets superflus!
Elle n'a fait qu'entrer dans la chambre prochaine,
Et du même poignard dont est morte la reine,
Sans que je pusse voir son funeste dessein,
Cette fière princesse a percé son beau sein:
Elle s'en est, seigneur, mortellement frappée,
Et dans son sang, hélas! elle est soudain tombée.
Jugez à cet objet ce que j'ai dû sentir.
Mais sa belle ame enfin, toute prête à sortir,
« Cher Hémon, c'est à toi que je me sacrifie, »
Dit-elle : et ce moment a terminé sa vie.
J'ai senti son beau corps tout froid entre mes bras;
Et j'ai cru que mon ame alloit suivre ses pas.
Heureuse mille fois si ma douleur mortelle
Dans la nuit du tombeau m'eût plongée avec elle!

SCÈNE VI.

CRÉON, ATTALE, GARDES.

CRÉON.

Ainsi donc vous fuyez un amant odieux,
Et vous-même, cruelle, éteignez vos beaux yeux !
Vous fermez pour jamais ces beaux yeux que j'adore,
Et pour ne me point voir vous les fermez encore !
Quoique Hémon vous fût cher vous courez au trépas
Bien plus pour m'éviter que pour suivre ses pas !
Mais, dussiez-vous encor m'être aussi rigoureuse,
Ma présence aux enfers vous fût-elle odieuse,
Dût après le trépas vivre votre courroux,
Inhumaine, je vais y descendre après vous.
Vous y verrez toujours l'objet de votre haine,
Et toujours mes soupirs vous rediront ma peine
Ou pour vous adoucir ou pour vous tourmenter;
Et vous ne pourrez plus mourir pour m'éviter.
Mourons donc...

ATTALE lui arrachant son épée.

Ah! seigneur, quelle cruelle envie !

CRÉON.

Ah! c'est m'assassiner que me sauver la vie !
Amour, rage, transports, venez à mon secours,
Venez, et terminez mes détestables jours!
De ces cruels amis trompez tous les obstacles !
Toi, justifie, ô ciel, la foi de tes oracles !
Je suis le dernier sang du malheureux Laïus;
Perdez-moi, dieux cruels, ou vous serez déçus.
Reprenez, reprenez cet empire funeste;
Vous m'ôtez Antigone, ôtez-moi tout le reste :
Le trône et vos présens excitent mon courroux;

Un coup de foudre est tout ce que je veux de vous.
Ne le refusez pas à mes vœux, à mes crimes ;
Ajoutez mon supplice à tant d'autres victimes.
Mais en vain je vous presse, et mes propres forfaits
Me font déjà sentir tous les maux que j'ai faits.
Jocaste, Polynice, Etéocle, Antigone,
Mes fils que j'ai perdus pour m'élever au trône,
Tant d'autres malheureux dont j'ai causé les maux
Font déjà dans mon cœur l'office de bourreaux.
Arrêtez... Mon trépas va venger votre perte ;
La foudre va tomber, la terre est entr'ouverte ;
Je ressens à la fois mille tourmens divers,
Et je m'en vais chercher du repos aux enfers.

(Il tombe entre les mains des gardes).

FIN DES FRÈRES ENNEMIS.

ALEXANDRE,

TRAGÉDIE.

(1665.)

PERSONNAGES.

ALEXANDRE.

PORUS, } rois dans les Indes.
TAXILE,

AXIANE, reine d'une autre partie des Indes.
CLÉOFILE, sœur de Taxile.
ÉPHESTION.
SUITE d'Alexandre.

La scène est sur le bord de l'Hydaspe, dans le camp de Taxile.

ALEXANDRE,

TRAGÉDIE.

wwwwwwwwwwwwwwwwwwwwwwwwwwwwwwwwwwwwwwwwwwwwwwwwww

ACTE PREMIER.

SCÈNE I.

TAXILE, CLÉOFILE.

CLÉOFILE.

Quoi ! vous allez combattre un ro' dont la puissance
Semble forcer le ciel à prendre sa défense,
Sous qu toute l'Asie a vu tomber ses rois,
Et qui tient la fortune attachée à ses lois !
Mon frère, ouvrez les yeux pour connoître Alexandre;
Voyez de toutes parts les trônes mis en cendre,
Les peuples asservis et les rois enchaînés ;
Et prévenez les maux qui les ont entraînés.

TAXILE.

Voulez-vous que, frappé d'une crainte si basse,
Je présente la tête au joug qui nous menace,
Et que j'entende dire aux peuples indiens
Que j'ai forgé moi-même et leurs fers et les miens?
Quitterai-je Porus? trahirai-je ces princes
Que rassemble le soin d'affranchir nos provinces,
Et qui, sans balancer sur un si noble choix,
Sauront également vivre ou mourir en rois?

En voyez-vous un seul qui, sans rien entreprendre,
Se laisse terrasser au seul nom d'Alexandre,
Et, le croyant déjà maître de l'univers,
Aille, esclave empressé, lui demander des fers ?
Loin de s'épouvanter à l'aspect de sa gloire,
Ils l'attaqueront même au sein de la victoire :
Et vous voulez, ma sœur, que Taxile aujourd'hui,
Tout prêt à le combattre, implore son appui !

CLÉOFILE.

Aussi n'est-ce qu'à vous que ce prince s'adresse ;
Pour votre amitié seule Alexandre s'empresse :
Quand la foudre s'allume et s'apprête à partir
Il s'efforce en secret de vous en garantir.

TAXILE.

Pourquoi suis-je le seul que son courroux ménage ?
De tous ceux que l'Hydaspe oppose à son courage
Ai-je mérité seul son indigne pitié ?
Ne peut-il à Porus offrir son amitié ?
Ah ! sans doute il lui croit l'ame trop génèreuse
Pour écouter jamais une offre si honteuse :
Il cherche une vertu qui lui résiste moins,
Et peut-être il me croit plus digne de ses soins.

CLÉOFILE.

Dites, sans l'accuser de chercher un esclave,
Que de ses ennemis il vous croit le plus brave ;
Et qu'en vous arrachant les armes de la main
Il se promet du reste un triomphe certain.
Son choix à votre nom n'imprime point de taches ;
Son amitié n'est point le partage des lâches :
Quoiqu'il brûle de voir tout l'univers soumis,
On ne voit point d'esclave au rang de ses amis.
Ah ! si son amitié peut souiller votre gloire,
Que ne m'épargniez-vous une tache si noire ?
Vous connoissez les soins qu'il me rend tous les jours,

Il ne tenoit qu'à vous d'en arrêter le cours.
Vous me voyez ici maîtresse de son âme ;
Cent messages secrets m'assurent de sa flamme ;
Pour venir jusqu'à moi ses soupirs embrasés
Se font jour au travers de deux camps opposés.
Au lieu de le haïr, au lieu de m'y contraindre,
De mon trop de rigueur je vous ai vu vous plaindre :
Vous m'avez engagée à souffrir son amour,
Et peut-être, mon frère, à l'aimer à mon tour.

TAXILE.

Vous pouvez, sans rougir du pouvoir de vos charmes,
Forcer ce grand guerrier à vous rendre les armes ;
Et, sans que votre cœur doive s'en alarmer,
Le vainqueur de l'Euphrate a pu vous désarmer :
Mais l'état aujourd'hui suivra ma destinée ;
Je tiens avec mon sort sa fortune enchaînée ;
Et, quoique vos conseils tâchent de me fléchir,
Je dois demeurer libre afin de l'affranchir.
Je sais l'inquiétude où ce dessein vous livre ;
Mais comme vous, ma sœur, j'ai mon amour à suivre.
Les beaux yeux d'Axiane, ennemis de la paix,
Contre votre Alexandre arment tous leurs attraits :
Reine de tous les cœurs, elle met tout en armes
Pour cette liberté que détruisent ses charmes ;
Elle rougit des fers qu'on apporte en ces lieux,
Et n'y sauroit souffrir de tyrans que ses yeux.
Il faut servir, ma sœur, son illustre colère :
Il faut aller...

CLEOFILE.

Eh bien ! perdez-vous pour lui plaire ;
De ces tyrans si chers suivez l'arrêt fatal :
Servez-les, ou plutôt servez votre rival ;
De vos propres lauriers souffrez qu'on le couronne ;
Combattez pour Porus, Axiane l'ordonne ;
Et, par de beaux exploits appuyant sa rigueur,

Assurez à Porus l'empire de son cœur.

TAXILE.

Ah! ma sœur, croyez-vous que Porus...

CLÉOFILE.

Mais vous-même
Doutez-vous en effet qu'Axiane ne l'aime?
Quoi! ne voyez-vous pas avec quelle chaleur
L'ingrate à vos yeux même étale sa valeur?
Quelque brave qu'on soit, si nous voulons la croire,
Ce n'est qu'autour de lui que vole la victoire.
Vous formeriez sans lui d'inutiles desseins;
La liberté de l'Inde est toute entre ses mains;
Sans lui déjà nos murs seroient réduits en cendre;
Lui seul peut arrêter les progrès d'Alexandre.
Elle se fait un dieu de ce prince charmant,
Et vous doutez encor qu'elle en fasse un amant!

TAXILE.

Je tâchois d'en douter, cruelle Cléofile.
Hélas! dans son erreur affermissez Taxile:
Pourquoi lui peignez-vous cet objet odieux?
Aidez-le bien plutôt à démentir ses yeux:
Dites-lui qu'Axiane est une beauté fière,
Telle à tous les mortels qu'elle est à votre frère;
Flattez de quelque espoir.....

CLÉOFILE.

Espérez, j'y consens:
Mais n'espérez plus rien de vos soins imp issans.
Pourquoi dans les combats chercher une conquête
Qu'à nous livrer lui-même Alexandre s'apprête?
Ce n'est pas contre lui qu'il la faut disputer;
Porus est l'ennemi qui prétend vous l'ôter.
Pour ne vanter que lui l'injuste renommée
Semble oublier les noms du reste de l'armée.
Quoi qu'on fasse, lui seul en ravit tout l'éclat,

Et comme ses sujets il vous mène au combat.
Ah ! si ce nom vous plaît, si vous cherchez à l'être,
Les Grecs et les Persans vous enseignent un maître ;
Vous trouverez cent rois compagnons de vos fers ;
Porus y viendra même avec tout l'univers.
Mais Alexandre enfin ne vous tend point de chaînes ;
Il laisse à votre front ces marques souveraines
Qu'un orgueilleux rival ose ici dédaigner.
Porus vous fait servir ; il vous fera régner :
Au lieu que de Porus vous êtes la victime,
Vous serez.... Mais voici ce rival magnanime.

TAXILE.

Ah ! ma sœur, je me trouble, et mon cœur alarmé
En voyant mon rival me dit qu'il est aimé.

CLÉOFILE.

Le temps vous presse. Adieu. C'est à vous de vous rendre
L'esclave de Porus ou l'ami d'Alexandre.

SCENE II.

PORUS, TAXILE.

PORUS.

Seigneur, ou je me trompe, ou nos fiers ennemis
Feront moins de progrès qu'ils ne s'étoient promis.
Nos chefs et nos soldats, brûlant d'impatience,
Font lire sur leur front une mâle assurance ;
Ils s'animent l'un l'autre, et nos moindres guerriers
Se promettent déjà des moissons de lauriers.
J'ai vu de rang en rang cette ardeur répandue
Par des cris généreux éclater à ma vue :
Ils se plaignent qu'au lieu d'éprouver leur grand cœur
L'oisiveté d'un camp consume leur vigueur.
Laisserons-nous languir tant d'illustres courages ?

Notre ennemi, seigneur, cherche ses avantages ;
Il se sent foible encore ; et, pour nous retenir,
Ephestion demande à nous entretenir,
Et par de vains discours....

TAXILE.

Seigneur, il faut l'entendre ;
Nous ignorons encor ce que veut Alexandre :
Peut-être est-ce la paix qu'il nous veut présenter.

PORUS.

La paix ! Ah ! de sa main pourriez-vous l'accepter ?
Eh quoi ! nous l'aurons vu par tant d'horribles guerres
Troubler le calme heureux dont jouissoient nos terres,
Et, le fer à la main, entrer dans nos états
Pour attaquer des rois qui ne l'offensoient pas ;
Nous l'aurons vu piller des provinces entières,
Du sang de nos sujets faire enfler nos rivières ;
Et, quand le ciel s'apprête à nous l'abandonner,
J'attendrai qu'un tyran daigne nous pardonner !

TAXILE.

Ne dites point, seigneur, que le ciel l'abandonne ;
D'un soin toujours égal sa faveur l'environne.
Un roi qui fait trembler tant d'états sous ses lois
N'est pas un ennemi que méprisent les rois.

PORUS.

Loin de le mépriser j'admire son courage ;
Je rends à sa valeur un légitime hommage :
Mais je veux à mon tour mériter les tributs
Que je me sens forcé de rendre à ses vertus.
Oui, je consens qu'au ciel on élève Alexandre :
Mais si je puis, seigneur, je l'en ferai descendre,
Et j'irai l'attaquer jusque sur les autels
Que lui dresse en tremblant le reste des mortels.
C'est ainsi qu'Alexandre estima tous ces princes
Dont sa valeur pourtant a conquis les provinces :

Si son cœur dans l'Asie eût montré quelque effroi,
Darius en mourant l'auroit-il vu son roi?

TAXILE.

Seigneur, si Darius avoit su se connoître,
Il régneroit encore où règne un autre maître.
Cependant cet orgueil qui causa son trépas
Avoit un fondement que vos mépris n'ont pas:
La valeur d'Alexandre à peine étoit connue;
Ce foudre étoit encore enfermé dans la nue,
Dans un calme profond Darius endormi
Ignoroit jusqu'au nom d'un si foible ennemi.
Il le connut bientôt, et son ame étonnée
De tout ce grand pouvoir se vit abandonnée:
Il se vit terrassé d'un bras victorieux;
Et la foudre en tombant lui fit ouvrir les yeux.

PORUS.

Mais encore à quel prix croyez-vous qu'Alexandre
Mette l'indigne paix dont il veut vous surprendre?
Demandez-le, seigneur, à cent peuples divers
Que cette paix trompeuse a jetés dans les fers.
Non, ne nous flattons point : sa douceur nous outrage;
Toujours son amitié traîne un long esclavage:
En vain on prétendroit n'obéir qu'à demi;
Si l'on n'est son esclave on est son ennemi.

TAXILE.

Seigneur, sans se montrer lâche ni téméraire,
Par quelque vain hommage on peut le satisfaire.
Flattons par des respects ce prince ambitieux,
Que son bouillant orgueil appelle en d'autres lieux.
C'est un torrent qui passe, et dont la violence
Sur tout ce qui l'arrête exerce sa puissance;
Qui, grossi du débris de cent peuples divers,
Veut du bruit de son cours remplir tout l'univers.
Que sert de l'irriter par un orgueil sauvage?

D'un favorable accueil honorons son passage ;
Et, lui cédant des droits que nous reprendrons bien,
Rendons-lui des devoirs qui ne nous coûtent rien.

PORUS.

Qui ne nous coûtent rien, seigneur! l'osez-vous croire?
Compterai-je pour rien la perte de ma gloire ?
Votre empire et le mien seroient trop achetés
S'ils coûtoient à Porus les moindres lâchetés.
Mais croyez-vous qu'un prince enflé de tant d'audace
De son passage ici ne laissât point de trace?
Combien de rois, brisés à ce funeste écueil,
Ne régnent plus qu'autant qu'il plaît à son orgueil!
Nos couronnes, d'abord devenant ses conquêtes,
Tant que nous régnerions flotteroient sur nos têtes ;
Et nos sceptres, en proie à ses moindres dédains,
Dès qu'il auroit parlé tomberoient de nos mains.
Ne dites point qu'il court de province en province :
Jamais de ses liens il ne dégage un prince ;
Et pour mieux asservir les peuples sous ses lois
Souvent dans la poussière il leur cherche des rois.
Mais ces indignes soins touchent peu mon courage :
Votre seul intérêt m'inspire ce langage.
Porus n'a point de part dans tout cet entretien,
Et quand la gloire parle il n'écoute plus rien.

TAXILE.

J'écoute comme vous ce que l'honneur m'inspire,
Seigneur ; mais il m'engage à sauver mon empire.

PORUS.

Si vous voulez sauver l'un et l'autre aujourd'hui
Prévenons Alexandre, et marchons contre lui.

TAXILE.

L'audace et le mépris sont d'infidèles guides.

PORUS.

La honte suit de près les courages timides.

TAXILE.

Le peuple aime les rois qui savent l'épargner.

PORUS.

Il estime encor plus ceux qui savent régner.

TAXILE.

Ces conseils ne plairont qu'à des ames hautaines.

PORUS.

Ils plairont à des rois,   et peut-être à des reines.

TAXILE.

La reine, à vous ouïr, n'a des yeux que pour vous.

PORUS.

Un esclave est pour elle un objet de courroux.

TAXILE.

Mais croyez-vous, seigneur, que l'amour vous ordonne
D'exposer avec vous son peuple et sa personne?
Non, non, sans vous flatter, avouez qu'en ce jour
Vous suivez votre haine et non pas votre amour.

PORUS.

Eh bien! je l'avouerai que ma juste colère
Aime la guerre autant que la paix vous est chère :
J'avouerai que, brûlant d'une noble chaleur,
Je vais contre Alexandre éprouver ma valeur.
Du bruit de ses exploits mon ame importunée
Attend depuis long-temps cette heureuse journée.
Avant qu'il me cherchât un orgueil inquiet
M'avoit déjà rendu son ennemi secret.
Dans le noble transport de cette jalousie
Je le trouvois trop lent à traverser l'Asie;
Je l'attirois ici par des vœux si puissans
Que je portois envie au bonheur des Persans;
Et maintenant encor, s'il trompoit mon courage,
Pour sortir de ces lieux s'il cherchoit un passage,
Vous me verriez moi-même, armé pour l'arrêter,
Lui refuser la paix qu'il nous veut présenter.

TAXILE.

Oui, sans doute, une ardeur si haute et si constante

Nous promet dans l'histoire une place éclatante ;
Et, sous ce grand dessein dussiez-vous succomber,
Au moins c'est avec bruit qu'on vous verra tomber.
La reine vient : adieu. Vantez-lui votre zèle ;
Découvrez cet orgueil qui vous rend digne d'elle.
Pour moi je troublerois un si noble entretien,
Et vos cœurs rougiroient des foiblesses du mien.

SCÈNE III.

PORUS, AXIANE.

AXIANE.

Quoi ! Taxile me fuit ! Quelle cause inconnue...

PORUS.

Il fait bien de cacher sa honte à notre vue :
Et puisqu'il n'ose plus s'exposer aux hasards
De quel front pourroit-il soutenir vos regards ?
Mais laissons-le, madame, et puisqu'il veut se rendre
Qu'il aille avec sa sœur adorer Alexandre.
Retirons-nous d'un camp où, l'encens à la main,
Le fidèle Taxile attend son souverain.

AXIANE.

Mais, seigneur, que dit-il ?

PORUS.

Il en fait trop paroître :
Cet esclave déjà m'ose vanter son maître ;
Il veut que je le serve...

AXIANE.

Ah ! sans vous emporter,
Souffrez que mes efforts tâchent de l'arrêter :
Ses soupirs malgré moi m'assurent qu'il m'adore.
Quoi qu'il en soit, souffrez que je lui parle encore ;
Et ne le forçons point par ce cruel mépris

14

D'achever un dessein qu'il peut n'avoir pas pris.

PORUS,

Eh quoi! vous en doutez; et votre ame s'assure
Sur la foi d'un amant infidèle et parjure,
Qui veut à son tyran vous livrer aujourd'hui,
Et croit en vous donnant vous obtenir de lui!
Eh bien! aidez-le donc à vous trahir vous-même :
Il vous peut arracher à mon amour extrême;
Mais il ne peut m'ôter par ses efforts jaloux
La gloire de combattre et de mourir pour vous.

AXIANE.

Et vous croyez qu'après une telle insolence
Mon amitié, seigneur, seroit sa récompense?
Vous croyez que, mon cœur s'engageant sous sa loi,
Je souscrirois au don qu'on lui feroit de moi?
Pouvez-vous sans rougir m'accuser d'un tel crime?
Ai-je fait pour ce prince éclater tant d'estime?
Entre Taxile et vous s'il falloit prononcer,
Seigneur, le croyez-vous qu'on me vît balancer?
Sais-je pas que Taxile est une ame incertaine,
Que l'amour le retient quand la crainte l'entraîne?
Sais-je pas que sans moi sa timide valeur
Succomberoit bientôt aux ruses de sa sœur?
Vous savez qu'Alexandre en fit sa prisonnière,
Et qu'enfin cette sœur retourna vers son frère;
Mais je connus bientôt qu'elle avoit entrepris
De l'arrêter au piége où son cœur étoit pris.

PORUS.

Et vous pouvez encor demeurer auprès d'elle!
Que n'abandonnez-vous cette sœur criminelle?
Pourquoi par tant de soins voulez-vous épargner
Un prince...

AXIANE.

C'est pour vous que je le veux gagner.

Vous verrai-je, accablé du soin de nos provinces,
Attaquer seul un roi vainqueur de tant de princes ?
Je vous veux dans Taxile offrir un défenseur
Qui combatte Alexandre en dépit de sa sœur.
Que n'avez-vous pour moi cette ardeur empressée !
Mais d'un soin si commun votre ame est peu blessée :
Pourvu que ce grand cœur périsse noblement,
Ce qui suivra sa mort le touche foiblement.
Vous me voulez livrer sans secours, sans asile,
Au courroux d'Alexandre, à l'amour de Taxile,
Qui, me traitant bientôt en superbe vainqueur,
Pour prix de votre mort demandera mon cœur.
Eh bien ! seigneur, allez, contentez votre envie ;
Combattez, oubliez le soin de votre vie ;
Oubliez que le ciel, favorable à vos vœux,
Vous préparoit peut-être un sort assez heureux.
Peut-être qu'à son tour Axiane charmée
Alloit... Mais non, seigneur, courez vers votre armée ;
Un si long entretien vous seroit ennuyeux ;
Et c'est vous retenir trop long-temps en ces lieux.

PORUS.

Ah ! madame, arrêtez, et connoissez ma flamme ;
Ordonnez de mes jours, disposez de mon ame :
La gloire y peut beaucoup, je ne m'en cache pas ;
Mais que n'y peuvent point tant de divins appas !
Je ne vous dirai point que pour vaincre Alexandre
Vos soldats et les miens alloient tout entreprendre ;
Que c'étoit pour Porus un bonheur sans égal
De triompher tout seul aux yeux de son rival :
Je ne vous dis plus rien. Parlez en souveraine ;
Mon cœur met à vos pieds et sa gloire et sa haine.

AXIANE.

Ne craignez rien ; ce cœur qui veut bien m'obéir
N'est pas entre des mains qui le puissent trahir.
Non, je ne prétends pas, jalouse de sa gloire,

Arrêter un héros qui court à la victoire.
Contre un fier ennemi précipitez vos pas;
Mais de vos alliés ne vous séparez pas:
Ménagez-les, seigneur, et d'une ame tranquille
Laissez agir mes soins sur l'esprit de Taxile;
Montrez en sa faveur des sentimens plus doux:
Je le vais engager à combattre pour vous.

PORUS.

Eh bien! madame, allez, j'y consens avec joie:
Voyons Ephestion puisqu'il faut qu'on le voie.
Mais, sans perdre l'espoir de le suivre de près,
J'attends Ephestion et le combat après.

ACTE SECOND.

SCÈNE I.

CLÉOFILE, ÉPHESTION.

EPHESTION.

Oui, tandis que vos rois délibèrent ensemble,
Et que tout se prépare au conseil qui s'assemble,
Madame, permettez que je vous parle aussi
Des secrètes raisons qui m'amènent ici.
Fidèle confident du beau feu de mon maître,
Souffrez que je l'explique aux yeux qui l'ont fait naître;
Et que pour ce héros j'ose vous demander
Le repos qu'à vos rois il veut bien accorder.
Après tant de soupirs que faut-il qu'il espère ?
Attendez-vous encore après l'aveu d'un frère ?
Voulez-vous que son cœur, incertain et confus,
Ne se donne jamais sans craindre vos refus ?
Faut-il mettre à vos pieds le reste de la terre ?
Faut-il donner la paix ? faut-il faire la guerre ?
Prononcez : Alexandre est tout près d'y courir,
Ou pour vous mériter ou pour vous conquérir.

CLÉOFILE.

Puis-je croire qu'un prince au comble de la gloire
De mes foibles attraits garde encor la mémoire;
Que, traînant après lui la victoire et l'effroi,
Il se puisse abaisser à soupirer pour moi ?
Des captifs comme lui brisent bientôt leur chaîne :
A de plus hauts desseins la gloire les entraîne;
Et l'amour dans leur cœur, interrompu, troublé,

Sous le faix des lauriers est bientôt accablé.
Tandis que ce héros me tint sa prisonnière
J'ai pu toucher son cœur d'une atteinte légère ;
Mais je pense, seigneur, qu'en rompant mes liens
Alexandre à son tour brisa bientôt les siens.

EPHESTION.

Ah ! si vous l'aviez vu, brûlant d'impatience,
Compter les tristes jours d'une si longue absence,
Vous sauriez que, l'amour précipitant ses pas,
Il ne cherchoit que vous en courant aux combats.
C'est pour vous qu'on l'a vu, vainqueur de tant de princes,
D'un cours impétueux traverser vos provinces,
Et briser en passant sous l'effort de ses coups
Tout ce qui l'empêchoit de s'approcher de vous.
On voit en même champ vos drapeaux et les nôtres ;
De ses retranchemens il découvre les vôtres ;
Mais, après tant d'exploits, ce timide vainqueur
Craint qu'il ne soit encor bien loin de votre cœur.
Que lui sert de courir de contrée en contrée
S'il faut que de ce cœur vous lui fermiez l'entrée ;
Si, pour ne point répondre à de sincères vœux,
Vous cherchez chaque jour à douter de ses feux ;
Si votre esprit armé de mille défiances...

CLÉOFILE.

Hélas ! de tels soupçons sont de foibles défenses ;
Et nos cœurs, se formant mille soins superflus,
Doutent toujours du bien qu'ils souhaitent le plus.
Oui, puisque ce héros veut que j'ouvre mon âme,
J'écoute avec plaisir le récit de sa flamme ;
Je craignois que le temps n'en eût borné le cours ;
Je souhaite qu'il m'aime, et qu'il m'aime toujours.
Je dis plus : quand son bras força notre frontière
Et dans les murs d'Omphis m'arrêta prisonnière,
Mon cœur, qui le voyoit maître de l'univers,

Se consoloit déjà de languir dans ses fers;
Et, loin de murmurer contre un destin si rude,
Il s'en fit, je l'avoue, une douce habitude;
Et de sa liberté perdant le souvenir,
Même en la demandant, craignoit de l'obtenir.
Jugez si son retour me doit combler de joie.
Mais tout couvert de sang veut-il que je le voie?
Est-ce comme ennemi qu'il vient se présenter,
Et ne me cherche-t-il que pour me tourmenter?

EPHESTION.

Non, madame; vaincu du pouvoir de vos charmes,
Il suspend aujourd'hui la terreur de ses armes;
Il présente la paix à des rois aveuglés,
Et retire la main qui les eût accablés.
Il craint que la victoire, à ses vœux trop facile,
Ne conduise ses coups dans le sein de Taxile:
Son courage, sensible à vos justes douleurs,
Ne veut point de lauriers arrosés de vos pleurs.
Favorisez les soins où son amour l'engage;
Exemptez sa valeur d'un si triste avantage,
Et disposez des rois qu'épargne son courroux
A recevoir un bien qu'ils ne doivent qu'à vous.

CLÉOFILE.

N'en doutez point, seigneur, mon ame inquiétée
D'une crainte si juste est sans cesse agitée;
Je tremble pour mon frère, et crains que son trépas
D'un ennemi si cher n'ensanglante le bras.
Mais en vain je m'oppose à l'ardeur qui l'enflamme,
Axiane et Porus tyrannisent son ame;
Les charmes d'une reine et l'exemple d'un roi
Dès que je veux parler s'élèvent contre moi.
Que n'ai-je point à craindre en ce désordre extrême!
Je crains pour lui, je crains pour Alexandre même.
Je sais qu'en l'attaquant cent rois se sont perdus;
Je sais tous ses exploits, mais je connois Porus.

Nos peuples, qu'on a vus triomphans à sa suite
Repousser les efforts du Persan et du Scythe,
Et tout fiers des lauriers dont il les a chargés,
Vaincront à son exemple ou périront vengés.
Et je crains...

EPHESTION.

Ah ! quittez une crainte si vaine ;
Laissez courir Porus où son destin l'entraîne ;
Que l'Inde en sa faveur arme tous ses états,
Et que le seul Taxile en détourne ses pas.
Mais les voici.

CLEOFILE.

Seigneur, achevez votre ouvrage ;
Par vos sages conseils dissipez cet orage ;
Ou, s'il faut qu'il éclate, au moins souvenez-vous
De le faire tomber sur d'autres que sur nous.

SCÈNE II.

PORUS, TAXILE, EPHESTION.

EPHESTION.

Avant que le combat qui menace vos têtes
Mette tous vos états au rang de nos conquêtes,
Alexandre veut bien différer ses exploits,
Et vous offrir la paix pour la dernière fois.
Vos peuples, prévenus de l'espoir qui vous flatte,
Prétendoient arrêter le vainqueur de l'Euphrate ;
Mais l'Hydaspe, malgré tant d'escadrons épars,
Voit enfin sur ses bords flotter nos étendards :
Vous les verriez plantés jusque sur vos tranchées,
Et de sang et de morts vos campagnes jonchées,
Si ce héros, couvert de tant d'autres lauriers,
N'eût lui-même arrêté l'ardeur de nos guerriers.

Il ne vient point ici, souillé du sang des princes,
D'un triomphe barbare effrayer vos provinces,
Et cherchant à briller d'une triste splendeur
Sur le tombeau des rois élever sa grandeur.
Mais vous-mêmes, trompés d'un vain espoir de gloire,
N'allez point dans ses bras irriter la victoire ;
Et lorsque son courroux demeure suspendu,
Princes, contentez-vous de l'avoir attendu.
Ne différez point tant à lui rendre l'hommage
Que vos cœurs malgré vous rendent à son courage,
Et, recevant l'appui que vous offre son bras,
D'un si grand défenseur honorez vos états.
Voilà ce qu'un grand roi veut bien vous faire entendre,
Prêt à quitter le fer, et prêt à le reprendre.
Vous savez son dessein : choisissez aujourd'hui
Si vous voulez tout perdre ou tenir tout de lui.

TAXILE.

Seigneur, ne croyez point qu'une fierté barbare
Nous fasse méconnoître une vertu si rare,
Et que dans leur orgueil nos peuples affermis
Prétendent malgré vous être vos ennemis.
Nous rendons ce qu'on doit aux illustres exemples :
Vous adorez des dieux qui nous doivent leurs temples;
Des héros qui chez vous passoient pour des mortels
En venant parmi nous ont trouvé des autels.
Mais en vain l'on prétend chez des peuples si braves
Au lieu d'adorateurs se faire des esclaves :
Croyez-moi, quelque éclat qui les puisse toucher,
Ils refusent l'encens qu'on leur veut arracher.
Assez d'autres états, devenus vos conquêtes,
De leurs rois sous le joug ont vu ployer les têtes :
Après tous ces états qu'Alexandre a soumis
N'est-il pas temps, seigneur, qu'il cherche des amis?
Tout ce peuple captif, qui tremble au nom d'un maître,
Soutient mal un pouvoir qui ne fait que de naître.

Ils ont pour s'affranchir les yeux toujours ouverts :
Votre empire n'est plein que d'ennemis couverts ;
Ils pleurent en secret leurs rois sans diadèmes :
Vos fers trop étendus se relâchent d'eux-mêmes ;
Et déjà dans leur cœur les Scythes mutinés
Vont sortir de la chaîne où vous nous destinez.
Essayez, en prenant notre amitié pour gage,
Ce que peut une foi qu'aucun serment n'engage ;
Laissez un peuple au moins qui puisse quelquefois
Applaudir sans contrainte au bruit de vos exploits.
Je reçois à ce prix l'amitié d'Alexandre ;
Et je l'attends déjà comme un roi doit attendre
Un héros dont la gloire accompagne les pas,
Qui peut tout sur mon cœur et rien sur mes états.

PORUS.

Je croyois, quand l'Hydaspe assemblant ses provinces
Au secours de ses bords fit voler tous ses princes,
Qu'il n'avoit avec moi, dans des desseins si grands,
Engagé que des rois ennemis des tyrans :
Mais puisqu'un roi, flattant la main qui nous menace,
Parmi ses alliés brigue une indigne place,
C'est à moi de répondre aux vœux de mon pays,
Et de parler pour ceux que Taxile a trahis.
Que vient chercher ici le roi qui vous envoie ?
Quel est ce grand secours que son bras nous octroie ?
De quel front ose-t-il prendre sous son appui
Des peuples qui n'ont point d'autre ennemi que lui ?
Avant que sa fureur ravageât tout le monde
L'Inde se reposoit dans une paix profonde ;
Et si quelques voisins en troubloient les douceurs
Il portoit dans son sein d'assez bons défenseurs.
Pourquoi nous attaquer ? Par quelle barbarie
A-t-on de votre maître excité la furie ?
Vit-on jamais chez lui nos peuples en courroux
Désoler un pays inconnu parmi nous ?

Faut-il que tant d'états, de déserts, de rivières,
Soient entre nous et lui d'impuissantes barrières ?
Et ne sauroit-on vivre au bout de l'univers
Sans connoître son nom et le poids de ses fers ?
Quelle étrange valeur, qui ne cherchant qu'à nuire
Embrase tout sitôt qu'elle commence à luire ;
Qui n'a que son orgueil pour règle et pour raison ;
Qui veut que l'univers ne soit qu'une prison,
Et que, maître absolu de tous tant que nous sommes,
Ses esclaves en nombre égalent tous les hommes !
Plus d'états, plus de rois : ses sacriléges mains
Dessous un même joug rangent tous les humains.
Dans son avide orgueil je sais qu'il nous dévore :
De tant de souverains nous seuls régnons encore.
Mais, que dis-je, nous seuls ! il ne reste que moi
Où l'on découvre encor les vestiges d'un roi.
Mais c'est pour mon courage une illustre matière :
Je vois d'un œil content trembler la terre entière,
Afin que par moi seul les mortels secourus,
S'ils sont libres, le soient de la main de Porus ;
Et qu'on dise partout, dans une paix profonde :
« Alexandre vainqueur eût dompté tout le monde ;
« Mais un roi l'attendoit au bout de l'univers,
« Par qui le monde entier a vu briser ses fers. »

EPHESTION.

Votre projet du moins nous marque un grand courage ;
Mais, seigneur, c'est bien tard s'opposer à l'orage :
Si le monde penchant n'a plus que cet appui,
Je le plains, et vous plains vous-même autant que lui.
Je ne vous retiens point, marchez contre mon maître :
Je voudrois seulement qu'on vous l'eût fait connoître ;
Et que la renommée eût voulu par pitié
De ses exploits au moins vous conter la moitié ;
Vous verriez....

PORUS.

Que verrois-je, et que pourrois-je apprendre
Qui m'abaisse si fort au-dessous d'Alexandre?
Seroit-ce sans effort les Persans subjugués,
Et vos bras tant de fois de meurtres fatigués?
Quelle gloire en effet d'accabler la foiblesse
D'un roi déjà vaincu par sa propre mollesse,
D'un peuple sans vigueur et presque inanimé,
Qui gémissoit sous l'or dont il étoit armé,
Et qui, tombant en foule au lieu de se défendre,
N'opposoit que des morts au grand cœur d'Alexandre?
Les autres, éblouis de ses moindres exploits,
Sont venus à genoux lui demander des lois;
Et, leur crainte écoutant je ne sais quels oracles,
Ils n'ont pas cru qu'un dieu pût trouver des obstacles.
Mais nous, qui d'un autre œil jugeons des conquérans,
Nous savons que les dieux ne sont pas des tyrans;
Et, de quelque façon qu'un esclave le nomme,
Le fils de Jupiter passe ici pour un homme.
Nous n'allons point de fleurs parfumer son chemin,
Il nous trouve partout les armes à la main:
Il voit à chaque pas arrêter ses conquêtes;
Un seul rocher ici lui coûte plus de têtes,
Plus de soins, plus d'assauts et presque plus de temps
Que n'en coûte à son bras l'empire des Persans.
Ennemis du repos qui perdit ces infâmes,
L'or qui naît sous nos pas ne corrompt point nos ames;
La gloire est le seul bien qui nous puisse tenter,
Et le seul que mon cœur cherche à lui disputer;
C'est elle....

ÉPHESTION en se levant.

Et c'est aussi ce que cherche Alexandre.
A de moindres objets son cœur ne peut descendre.
C'est ce qui, l'arrachant du sein de ses états,
Au trône de Cyrus lui fit porter ses pas,

Et, du plus ferme empire ébranlant les colonnes,
Attaquer, conquérir et donner les couronnes.
Et puisque votre orgueil ose lui disputer
La gloire du pardon qu'il vous fait présenter,
Vos yeux, dès aujourd'hui témoins de sa victoire,
Verront de quelle ardeur il combat pour la gloire:
Bientôt le fer en main vous le verrez marcher.

PORUS.

Allez donc : je l'attends, ou je le vais chercher.

SCÈNE III.

PORUS, TAXILE.

TAXILE.

Quoi! vous voulez au gré de votre impatience....

PORUS.

Non, je ne prétends point troubler votre alliance :
Ephestion, aigri seulement contre moi,
De vos soumissions rendra compte à son roi.
Les troupes d'Axiane, à me suivre engagées,
Attendent le combat sous mes drapeaux rangées ;
De son trône et du mien je soutiendrai l'éclat,
Et vous serez, seigneur, le juge du combat :
A moins que votre cœur, animé d'un beau zèle,
De vos nouveaux amis n'embrasse la querelle.

SCÈNE IV.

AXIANE, PORUS, TAXILE.

AXIANE à Taxile.

Ah! que dit-on de vous, seigneur! Nos ennemis
Se vantent que Taxile est à moitié soumis,

Qu'il ne marchera point contre un roi qu'il respecte.

TAXILE.

La foi d'un ennemi doit être un peu suspecte,
Madame; avec le temps ils me connoîtront mieux.

AXIANE.

Démentez donc, seigneur, ce bruit injurieux;
De ceux qui l'ont semé confondez l'insolence;
Allez comme Porus les forcer au silence,
Et leur faire sentir par un juste courroux
Qu'ils n'ont point d'ennemi plus funeste que vous.

TAXILE.

Madame, je m'en vais disposer mon armée.
Ecoutez moins ce bruit qui vous tient alarmée :
Porus fait son devoir, et je ferai le mien.

SCÈNE V.

AXIANE, PORUS.

AXIANE.

Cette sombre froideur ne m'en dit pourtant rien,
Lâche! et ce n'est point là, pour me le faire croire,
La démarche d'un roi qui court à la victoire.
Il n'en faut plus douter, et nous sommes trahis :
Il immole à sa sœur sa gloire et son pays;
Et sa haine, seigneur, qui cherche à vous abattre,
Attend pour éclater que vous alliez combattre.

PORUS.

Madame, en le perdant je perds un foible appui;
Je le connoissois trop pour m'assurer sur lui.
Mes yeux sans se troubler ont vu son inconstance :
Je craignois beaucoup plus sa molle résistance.
Un traître, en nous quittant pour complaire à sa sœur,
Nous affoiblit bien moins qu'un lâche défenseur.

AXIANE.

Et cependant, seigneur, qu'allez-vous entreprendre?
Vous marchez sans compter les forces d'Alexandre;
Et, courant presque seul au devant de leurs coups,
Contre tant d'ennemis vous n'opposez que vous.

PORUS.

Eh quoi! voudriez-vous qu'à l'exemple d'un traître
Ma frayeur conspirât à vous donner un maître;
Que Porus, dans un camp se laissant arrêter,
Refusât le combat qu'il vient de présenter?
Non, non, je n'en crois rien. Je connois mieux, madame,
Le beau feu que la gloire allume dans votre ame :
C'est vous, je m'en souviens, dont les puissans appas
Excitoient tous nos rois, les poussoient aux combats;
Et de qui la fierté, refusant de se rendre,
Ne vouloit pour amant qu'un vainqueur d'Alexandre.
Il faut vaincre, et j'y cours, bien moins pour éviter
Le titre de captif que pour le mériter.
Oui, madame, je vais, dans l'ardeur qui m'entraîne,
Victorieux ou mort mériter votre chaîne ;
Et, puisque mes soupirs s'expliquoient vainement
A ce cœur que la gloire occupe seulement,
Je m'en vais, par l'éclat qu'une victoire donne,
Attacher de si prés la gloire à ma personne
Que je pourrai peut-être amener votre cœur
De l'amour de la gloire à l'amour du vainqueur.

AXIANE.

Eh bien, seigneur, allez. Taxile aura peut-être
Des sujets dans son camp plus braves que leur maître;
Je vais les exciter par un dernier effort :
Après dans votre camp j'attendrai votre sort.
Ne vous informez point de l'état de mon ame :
Triomphez, et vivez.

PORUS.

Qu'attendez-vous, madame?
Pourquoi dès ce moment ne puis-je pas savoir
Si mes tristes soupirs ont pu vous émouvoir?
Voulez-vous, car le sort, adorable Axiane,
A ne vous plus revoir peut-être me condamne,
Voulez-vous qu'en mourant un prince infortuné
Ignore à quelle gloire il étoit destiné?
Parlez.

ARIANE.

Que vous dirai-je?

PORUS.

Ah ! divine princesse,
Si vous sentiez pour moi quelque heureuse foiblesse,
Ce cœur, qui me promet tant d'estime en ce jour,
Me pourroit bien encor promettre un peu d'amour.
Contre tant de soupirs peut-il bien se défendre?
Peut-il....

AXIANE.

Allez, seigneur, marchez contre Alexandre.
La victoire est à vous si ce fameux vainqueur
Ne se défend pas mieux contre vous que mon cœur.

ACTE TROISIÈME.

SCÈNE I.

AXIANE, CLÉOFILE.

AXIANE.

Quoi! madame, en ces lieux on me tient enfermée!
Je ne puis au combat voir marcher mon armée!
Et, commençant par moi sa noire trahison,
Taxile de son camp me fait une prison!
C'est donc là cette ardeur qu'il me faisoit paroître!
Cet humble adorateur se déclare mon maître!
Et déjà son amour, lassé de ma rigueur,
Captive ma personne au défaut de mon cœur!

CLÉOFILE.

Expliquez mieux les soins et les justes alarmes
D'un roi qui pour vainqueur ne connoît que vos charmes,
Et regardez, madame, avec plus de bonté
L'ardeur qui l'intéresse à votre sûreté.
Tandis qu'autour de nous deux puissantes armées,
D'une égale chaleur au combat animées,
De leur fureur partout font voler les éclats,
De quel autre côté conduiriez-vous vos pas?
Où pourriez-vous ailleurs éviter la tempête?
Un plein calme en ces lieux assure votre tête.
Tout est tranquille....

AXIANE.

Et c'est cette tranquillité
Dont je ne puis souffrir l'indigne sûreté.

14

Quoi! lorsque mes sujets, mourant dans une plaine,
Sur les pas de Porus combattent pour leur reine ;
Qu'au prix de tout leur sang ils signalent leur foi;
Que le cri des mourans vient presque jusqu'à moi;
On me parle de paix ! et le camp de Taxile
Garde dans ce désordre une assiette tranquille !
On flatte ma douleur d'un calme injurieux !
Sur des objets de joie on arrête mes yeux !

CLÉOFILE.

Madame, voulez-vous que l'amour de mon frère
Abandonne aux périls une tête si chère?
Il sait trop les hasards....

AXIANE.

   Et pour m'en détourner
Ce généreux amant me fait emprisonner !
Et, tandis que pour moi son rival se hasarde,
Sa paisible valeur me sert ici de garde!

CLÉOFILE.

Que Porus est heureux ! le moindre éloignement
A votre impatience est un cruel tourment:
Et, si l'on vous croyoit, le soin qui vous travaille
Vous le feroit chercher jusqu'au champ de bataille.

AXIANE.

Je ferois plus, madame : un mouvement si beau
Me le feroit chercher jusque dans le tombeau,
Perdre tous mes états, et voir d'un œil tranquille
Alexandre en payer le cœur de Cléofile.

CLÉOFILE.

Si vous cherchez Porus pourquoi m'abandonner?
Alexandre en ces lieux pourra le ramener.
Permettez que, veillant au soin de votre tête,
A cet heureux amant l'on garde sa conquête.

AXIANE.

Vous triomphez, madame ; et déjà votre cœur

I.   7

Vole vers Alexandre, et le nomme vainqueur.
Mais, sur la seule foi d'un amour qui vous flatte,
Peut-être avant le temps ce grand orgueil éclate :
Vous poussez un peu loin vos vœux précipités,
Et vous croyez trop tôt ce que vous souhaitez.
Oui, oui....

CLÉOFILE.

Mon frère vient ; et nous allons apprendre
Qui de nous deux, madame, aura pu se méprendre.

AXIANE.

Ah ! je n'en doute plus, et ce front satisfait
Dit assez à mes yeux que Porus est défait.

SCÈNE II.

TAXILE, AXIANE, CLÉOFILE.

TAXILE.

Madame, si Porus avec moins de colère
Eût suivi les conseils d'une amitié sincère
Il m'auroit en effet épargné la douleur
De vous venir moi-même annoncer son malheur.

AXIANE.

Quoi ! Porus....

TAXILE.

C'en est fait, et sa valeur trompée
Des maux que j'ai prévus se voit enveloppée.
Ce n'est pas, car mon cœur respectant sa vertu
N'accable point encore un rival abattu,
Ce n'est pas que son bras, disputant la victoire,
N'en ait aux ennemis ensanglanté la gloire ;
Qu'elle-même, attachée à ses faits éclatans,
Entre Alexandre et lui n'ait douté quelque temps :
Mais enfin contre moi sa vaillance irritée

Avec trop de chaleur s'étoit précipitée.
J'ai vu ses bataillons rompus et renversés,
Vos soldats en désordre et les siens dispersés;
Et lui-même, à la fin entraîné dans leur fuite,
Malgré lui du vainqueur éviter la poursuite;
Et, de son vain courroux trop tard désabusé,
Souhaiter le secours qu'il avoit refusé.

AXIANE.

Qu'il avoit refusé! Quoi donc! pour ta patrie
Ton indigne courage attend que l'on te prie!
Il faut donc malgré toi te traîner aux combats,
Et te forcer toi-même à sauver tes états!
L'exemple de Porus, puisqu'il faut qu'on t'y porte,
Dis-moi, n'étoit-ce pas une voix assez forte?
Ce héros en péril, ta maîtresse en danger,
Tout l'état périssant n'a pu t'encourager!
Va, tu sers bien le maître à qui ta sœur te donne :
Achève, et fais de moi ce que sa haine ordonne;
Garde à tous les vaincus un traitement égal;
Enchaîne ta maîtresse en livrant ton rival.
Aussi bien c'en est fait, sa disgrâce et ton crime
Ont placé dans mon cœur ce héros magnanime.
Je l'adore, et je veux avant la fin du jour
Déclarer à la fois ma haine et mon amour;
Lui vouer à tes yeux une amitié fidèle,
Et te jurer aux siens une haine immortelle.
Adieu. Tu me connois : aime-moi si tu veux.

TAXILE.

Ah! n'espérez de moi que de sincéres vœux,
Madame : n'attendez ni menaces ni chaînes;
Alexandre sait mieux ce qu'on doit à des reines.
Souffrez que sa douceur vous oblige à garder
Un trône que Porus devoit moins hasarder:
Et moi-même en aveugle on me verroit combattre
La sacrilége main qui le voudroit abattre.

AXIANE.

Quoi ! par l'un de vous deux mon sceptre raffermi
Deviendroit dans mes mains le don d'un ennemi !
Et sur mon propre trône on me verroit placée
Par le même tyran qui m'en auroit chassée !

TAXILE.

Des reines et des rois vaincus par sa valeur
Ont laissé par ses soins adoucir leur malheur.
Voyez de Darius et la femme et la mère ;
L'une le traite en fils, l'autre le traite en frère.

AXIANE.

Non, non, je ne sais point vendre mon amitié,
Caresser un tyran, et régner par pitié.
Penses-tu que j'imite une foible Persane ;
Qu'à la cour d'Alexandre on retienne Axiane ;
Et qu'avec mon vainqueur courant tout l'univers
J'aille vanter partout la douceur de ses fers ?
S'il donne les états, qu'il te donne les nôtres ;
Qu'il te pare, s'il veut, des dépouilles des autres.
Règne : Porus ni moi n'en serons point jaloux ;
Et tu seras encor plus esclave que nous.
J'espère qu'Alexandre, amoureux de sa gloire,
Et fâché que ton crime ait souillé sa victoire,
S'en lavera bientôt par ton propre trépas.
Des traîtres comme toi font souvent des ingrats :
Et, de quelques faveurs que sa main t'éblouisse,
Du perfide Bessus regarde le supplice.
Adieu.

SCÈNE III.

CLÉOFILE, TAXILE.

CLÉOFILE.

Cédez, mon frère, à ce bouillant transport :

Alexandre et le temps vous rendront le plus fort ;
Et cet âpre courroux, quoi qu'elle en puisse dire,
Ne s'obstinera point au refus d'un empire.
Maître de ses destins, vous l'êtes de son cœur.
Mais, dites-moi, vos yeux ont-ils vu le vainqueur ?
Quel traitement, mon frère, en devons-nous attendre ?
Qu'a-t-il dit ?

TAXILE.

Oui, ma sœur, j'ai vu votre Alexandre.
D'abord ce jeune éclat qu'on remarque en ses traits
M'a semblé démentir le nombre de ses faits :
Mon cœur plein de son nom n'osoit, je le confesse,
Accorder tant de gloire avec tant de jeunesse :
Mais de ce même front l'héroïque fierté,
Le feu de ses regards, sa haute majesté
Font connoître Alexandre ; et certes son visage
Porte de sa grandeur l'infaillible présage,
Et, sa présence auguste appuyant ses projets,
Ses yeux comme son bras font partout des sujets.
Il sortoit du combat. Ébloui de sa gloire,
Je croyois dans ses yeux voir briller la victoire.
Toutefois, à ma vue oubliant sa fierté,
Il a fait à son tour éclater sa bonté ;
Ses transports ne m'ont point déguisé sa tendresse :
« Retournez, m'a-t-il dit, auprès de la princesse :
« Disposez ses beaux yeux à revoir un vainqueur
« Qui va mettre à ses pieds sa victoire et son cœur. »
Il marche sur mes pas. Je n'ai rien à vous dire,
Ma sœur : de votre sort je vous laisse l'empire ;
Je vous confie encor la conduite du mien.

CLÉOFILE.

Vous aurez tout pouvoir, ou je ne pourrai rien.
Tout va vous obéir si le vainqueur m'écoute.

TAXILE.

Je vais donc. Mais on vient. C'est lui-même sans doute.

SCÈNE IV.

ALEXANDRE, TAXILE, CLÉOFILE, ÉPHES-
TION, SUITE D'ALEXANDRE.

ALEXANDRE.

Allez, Ephestion. Que l'on cherche Porus ;
Qu'on épargne sa vie et le sang des vaincus.

SCÈNE V.

ALEXANDRE, TAXILE, CLÉOFILE.

ALEXANDRE à Taxile.

Seigneur, est-il donc vrai qu'une reine aveuglée
Vous préfère d'un roi la valeur déréglée ?
Mais ne le craignez point : son empire est à vous ;
D'une ingrate à ce prix fléchissez le courroux.
Maître de deux états, arbitre des siens mêmes,
Allez avec vos vœux offrir trois diadèmes.

TAXILE.

Ah ! c'en est trop, seigneur : prodiguez un peu moins...

ALEXANDRE.

Vous pourrez à loisir reconnoître mes soins.
Ne tardez point, allez où l'amour vous appelle,
Et couronnez vos feux d'une palme si belle.

SCÈNE VI.

ALEXANDRE, CLÉOFILE.

ALEXANDRE.

Madame, à son amour je promets mon appui :

Ne puis-je rien pour moi quand je puis tout pour lui?
Si prodigue envers lui des fruits de la victoire,
N'en aurai-je pour moi qu'une stérile gloire ?
Les sceptres devant vous ou rendus ou donnés,
De mes propres lauriers mes amis couronnés,
Les biens que j'ai conquis répandus sur leurs têtes,
Font voir que je soupire après d'autres conquêtes.
Je vous avois promis que l'effort de mon bras
M'approcheroit bientôt de vos divins appas ;
Mais dans ce même temps souvenez-vous, madame,
Que vous me promettiez quelque place en votre âme.
Je suis venu : l'amour a combattu pour moi ;
La victoire elle-même a dégagé ma foi ;
Tout cède autour de vous : c'est à vous de vous rendre;
Votre cœur l'a promis, voudra-t-il s'en défendre ?
Et lui seul pourroit-il échapper aujourd'hui
A l'ardeur d'un vainqueur qui ne cherche que lui ?

CLÉOFILE.

Non, je ne prétends pas que ce cœur inflexible
Garde seul contre vous le titre d'invincible ;
Je rends ce que dois à l'éclat des vertus
Qui tiennent sous vos pieds cent peuples abattus.
Les Indiens domptés sont vos moindres ouvrages ;
Vous inspirez la crainte aux plus fermes courages;
Et, quand vous le voudrez, vos bontés à leur tour
Dans les cœurs les plus durs inspireront l'amour.
Mais, seigneur, cet éclat, ces victoires, ces charmes
Me troublent bien souvent par de justes alarmes:
Je crains que, satisfait d'avoir conquis un cœur,
Vous ne l'abandonniez à sa triste langueur ;
Qu'insensible à l'ardeur que vous aurez causée
Votre ame ne dédaigne une conquête aisée.
On attend peu d'amour d'un héros tel que vous :
La gloire fit toujours vos transports les plus doux ;
Et peut-être, au moment que ce grand cœur soupire,

La gloire de me vaincre est tout ce qu'il désire.

ALEXANDRE.

Que vous connoissez mal les violens désirs
D'un amour qui vers vous porte tous mes soupirs !
J'avouerai qu'autrefois, au milieu d'une armée,
Mon cœur ne soupiroit que pour la renommée ;
Les peuples et les rois, devenus mes sujets,
Etoient seuls à mes vœux d'assez dignes objets ;
Les beautés de la Perse à mes yeux présentées,
Aussi bien que ses rois, ont paru surmontées :
Mon cœur, d'un fier mépris armé contre leurs traits,
N'a pas du moindre hommage honoré leurs attraits ;
Amoureux de la gloire et partout invincible.
Il mettoit son bonheur à paroître insensible,
Mais, hélas ! que vos yeux, ces aimables tyrans,
Ont produit sur mon cœur des effets différens !
Ce grand nom de vainqueur n'est plus ce qu'il souhaite ;
Il vient avec plaisir avouer sa défaite :
Heureux si, votre cœur se laissant émouvoir,
Vos beaux yeux à leur tour avouoient leur pouvoir !
Voulez-vous donc toujours douter de leur victoire,
Toujours de mes exploits me reprocher la gloire ?
Comme si les beaux nœuds où vous me tenez pris
Ne devoient arrêter que de foibles esprits.
Par des faits tout nouveaux je m'en vais vous apprendre
Tout ce que peut l'amour sur le cœur d'Alexandre :
Maintenant que mon bras, engagé sous vos lois,
Doit soutenir mon nom et le vôtre à la fois,
J'irai rendre fameux par l'éclat de la guerre
Des peuples inconnus au reste de la terre,
Et vous faire dresser des autels en des lieux
Où leurs sauvages mains en refusent aux dieux.

CLÉOFILE.

Oui, vous y traînerez la victoire captive ;

Mais je doute, seigneur, que l'amour vous y suive.
Tant d'états, tant de mers, qui vont nous désunir,
M'effaceront bientôt de votre souvenir.
Quand l'océan troublé vous verra sur son onde
Achever quelque jour la conquête du monde ;
Quand vous verrez les rois tomber à vos genoux,
Et la terre en tremblant se taire devant vous,
Songerez-vous, seigneur, qu'une jeune princesse
Au fond de ses états vous regrette sans cesse,
Et rappelle en son cœur les momens bienheureux
Où ce grand conquérant l'assuroit de ses feux ?

ALEXANDRE.

Eh quoi ! vous croyez donc qu'à moi-même barbare
J'abandonne en ces lieux une beauté si rare ?
Mais vous-même plutôt voulez-vous renoncer
Au trône de l'Asie où je vous veux placer ?

CLÉOFILE.

Seigneur, vous le savez, je dépends de mon frère.

ALEXANDRE.

Ah ! s'il disposoit seul du bonheur que j'espère,
Tout l'empire de l'Inde, asservi sous ses lois,
Bientôt en ma faveur iroit briguer son choix.

CLÉOFILE.

Mon amitié pour lui n'est point intéressée.
Apaisez seulement une reine offensée ;
Et ne permettez pas qu'un rival aujourd'hui,
Pour vous avoir bravé, soit plus heureux que lui.

ALEXANDRE.

Porus étoit sans doute un rival magnanime :
Jamais tant de valeur n'attira mon estime.
Dans l'ardeur du combat je l'ai vu, je l'ai joint ;
Et je puis dire encor qu'il ne m'évitoit point :
Nous nous cherchions l'un l'autre. Une fierté si belle
Alloit entre nous deux finir notre querelle

Lorsqu'un gros de soldats, se jetant entre nous,
Nous a fait dans la foule ensevelir nos coups.

SCÈNE VII.

ALEXANDRE, CLÉOFILE, ÉPHESTION.

ALEXANDRE.

Eh bien ! ramène-t-on ce prince téméraire ?

ÉPHESTION.

On le cherche partout ; mais quoi qu'on puisse faire,
Seigneur, jusques ici sa fuite ou son trépas
Dérobe ce captif aux soins de vos soldats.
Mais un reste des siens entourés dans leur fuite,
Et du soldat vainqueur arrêtant la poursuite,
A nous vendre leur mort semble se préparer.

ALEXANDRE.

Désarmez les vaincus sans les désespérer.
Madame, allons fléchir une fière princesse,
Afin qu'à mon amour Taxile s'intéresse ;
Et, puisque mon repos doit dépendre du sien,
Achevons son bonheur pour établir le mien.

ACTE QUATRIÈME.

SCÈNE I.

AXIANE.

N'entendrons-nous jamais que des cris de victoire,
Qui de mes ennemis me reprochent la gloire?
Et ne pourrai-je au moins, en de si grands malheurs,
M'entretenir moi seule avecque mes douleurs?
D'un odieux amant sans cesse poursuivie,
On prétend malgré moi m'attacher à la vie :
On m'observe, on me suit. Mais, Porus, ne crois pas
Qu'on me puisse empêcher de courir sur tes pas.
Sans doute à nos malheurs ton cœur n'a pu survivre :
En vain tant de soldats s'arment pour te poursuivre,
On te découvriroit au bruit de tes efforts,
Et s'il te faut chercher ce n'est qu'entre les morts.
Hélas! en me quittant ton ardeur redoublée
Sembloit prévoir les maux dont je suis accablée,
Lorsque tes yeux, aux miens découvrant ta langueur,
Me demandoient quel rang tu tenois dans mon cœur ;
Que sans l'inquiéter du succès de tes armes
Le soin de ton amour te causoit tant d'alarmes.
Et pourquoi te cachois-je avec tant de détours
Un secret si fatal au repos de tes jours ?
Combien de fois, tes yeux forçant ma résistance,
Mon cœur s'est-il vu prè; de rompre le silence !
Combien de fois, sensible à tes ardens désirs,
M'est-il en ta présence échappé des soupirs !
Mais je voulois encor douter de ta victoire ;

J'expliquois mes soupirs en faveur de la gloire ;
Je croyois n'aimer qu'elle. Ah ! pardonne, grand roi !
Je sens bien aujourd'hui que je n'aimois que toi.
J'avouerai que la gloire eut sur moi quelque empire ;
Je te l'ai dit cent fois : mais je devois te dire
Que toi seul en effet m'engageas sous ses lois.
J'appris à la connoître en voyant tes exploits ;
Et, de quelque beau feu qu'elle m'eût enflammée,
En un autre que toi je l'aurois moins aimée.
Mais que sert de pousser des soupirs superflus
Qui se perdent en l'air et que tu n'entends plus !
Il est temps que mon ame, au tombeau descendue,
Te jure une amitié si long-temps attendue ;
Il est temps que mon cœur, pour gage de sa foi,
Montre qu'il n'a pu vivre un moment après toi.
Aussi bien penses-tu que je voulusse vivre
Sous les lois d'un vainqueur à qui ta mort nous livre.
Je sais qu'il se dispose à me venir parler,
Qu'en me rendant mon sceptre il veut me consoler.
Il croit peut-être, il croit que ma haine étouffée
A sa fausse douceur servira de trophée !
Qu'il vienne : il me verra, toujours digne de toi,
Mourir en reine ainsi que tu mourus en roi.

SCÈNE II.

ALEXANDRE, AXIANE.

AXIANE.

Eh bien ! seigneur, eh bien ! trouvez-vous quelques charm
A voir couler des pleurs que font verser vos armes ?
Ou si vous m'enviez, en l'état où je suis,
La triste liberté de pleurer mes ennuis ?

ALEXANDRE.

Votre douleur est libre autant que légitime :

Vous regrettez, madame, un prince magnanime.
Je fus son ennemi; mais je ne l'étois pas
Jusqu'à blâmer les pleurs qu'on donne à son trépas.
Avant que sur ses bords l'Inde me vît paroître
L'éclat de sa vertu me l'avoit fait connoître;
Entre les plus grands rois il se fit remarquer :
Je savois....

AXIANE.

Pourquoi donc le venir attaquer?
Par quelle loi faut-il qu'aux deux bouts de la terre
Vous cherchiez la vertu pour lui faire la guerre?
Le mérite à vos yeux ne peut-il éclater
Sans pousser votre orgueil à le persécuter?

ALEXANDRE.

Oui, j'ai cherché Porus : mais, quoi qu'on puisse dire,
Je ne le cherchois pas afin de le détruire.
J'avouerai que, brûlant de signaler mon bras,
Je me laissai conduire au bruit de ses combats,
Et qu'au seul nom d'un roi jusqu'alors invincible
A de nouveaux exploits mon cœur devint sensible.
Tandis que je croyois par mes combats divers
Attacher sur moi seul les yeux de l'univers,
J'ai vu de ce guerrier la valeur répandue
Tenir la renommée entre nous suspendue;
Et, voyant de son bras voler partout l'effroi,
L'Inde sembla m'ouvrir un champ digne de moi.
Lassé de voir des rois vaincus sans résistance,
J'appris avec plaisir le bruit de sa vaillance :
Un ennemi si noble a su m'encourager;
Je suis venu chercher la gloire et le danger.
Son courage, madame, a passé mon attente:
La victoire, à me suivre autrefois si constante,
M'a presque abandonné pour suivre vos guerriers.
Porus m'a disputé jusqu'aux moindres lauriers :
Et j'ose dire encor qu'en perdant la victoire

Mon ennemi lui-même a vu croître sa gloire,
Qu'une chute si belle élève sa vertu,
Et qu'il ne voudroit pas n'avoir point combattu.

AXIANE.

Hélas ! il falloit bien qu'une si noble envie
Lui fît abandonner tout le soin de sa vie,
Puisque, de toutes parts trahi, persécuté,
Contre tant d'ennemis il s'est précipité.
Mais vous, s'il étoit vrai que son ardeur guerrière
Eût ouvert à la vôtre une illustre carrière,
Que n'avez-vous, seigneur, dignement combattu ?
Falloit-il par la ruse attaquer sa vertu,
Et, loin de remporter une gloire parfaite,
D'un autre que de vous attendre sa défaite ?
Triomphez : mais sachez que Taxile en son cœur
Vous dispute déjà ce beau nom de vainqueur ;
Que le traître se flatte avec quelque justice
Que vous n'avez vaincu que par son artifice.
Et c'est à ma douleur un spectacle assez doux
De le voir partager cette gloire avec vous.

ALEXANDRE.

En vain votre douleur s'arme contre ma gloire ;
Jamais on ne m'a vu dérober la victoire,
Et par ces lâches soins, qu'on ne peut m'imputer,
Tromper mes ennemis au lieu de les dompter.
Quoique partout, ce semble, accablé sous le nombre,
Je n'ai pu me résoudre à me cacher dans l'ombre :
Ils n'ont de leur défaite accusé que mon bras ;
Et le jour a partout éclairé mes combats.
Il est vrai que je plains le sort de vos provinces :
J'ai voulu prévenir la perte de vos princes ;
Mais, s'ils avoient suivi mes conseils et mes vœux,
Je les aurois sauvés ou combattus tous deux.
Oui, croyez....

AXIANE.

Je crois tout. Je vous crois invincible :
Mais, seigneur, suffit-il que tout vous soit possible ?
Ne tient-il qu'à jeter tant de rois dans les fers,
Qu'à faire impunément gémir tout l'univers ?
Et que vous avoient fait tant de villes captives,
Tant de morts dont l'Hydaspe a vu couvrir ses rives ?
Qu'ai-je fait pour venir accabler en ces lieux
Un héros sur qui seul j'ai pu tourner les yeux ?
A-t-il de votre Grèce inondé les frontières ?
Avons-nous soulevé des nations entières,
Et contre votre gloire excité leur courroux ?
Hélas ! nous l'admirions sans en être jaloux.
Contens de nos états et charmés l'un de l'autre,
Nous attendions un sort plus heureux que le vôtre :
Porus bornoit ses vœux à conquérir un cœur
Qui peut-être aujourd'hui l'eût nommé son vainqueur.
Ah ! n'eussiez-vous versé qu'un sang si magnanime,
Quand on ne vous pourroit reprocher que ce crime,
Ne vous sentez-vous pas, seigneur, bien malheureux
D'être venu si loin rompre de si beaux nœuds ?
Non, de quelque douceur que se flatte votre ame,
Vous n'êtes qu'un tyran.

ALEXANDRE.

Je le vois bien, madame;
Vous voulez que, saisi d'un indigne courroux,
En reproches honteux j'éclate contre vous :
Peut-être espérez-vous que ma douceur lassée
Donnera quelque atteinte à sa gloire passée.
Mais quand votre vertu ne m'auroit point charmé,
Vous attaquez, madame, un vainqueur désarmé :
Mon ame, malgré vous à vous plaindre engagée,
Respecte le malheur où vous êtes plongée.
C'est ce trouble fatal qui vous ferme les yeux,
Qui ne regarde en moi qu'un tyran odieux :

Sans lui vous avoueriez que le sang et les larmes
N'ont pas toujours souillé la gloire de mes armes;
Vous verriez....

AXIANE.

Ah! seigneur, puis-je ne les point voir
Ces vertus dont l'éclat aigrit mon désespoir?
N'ai-je pas vu partout la victoire modeste
Perdre avec vous l'orgueil qui la rend si funeste?
Ne vois-je pas le Scythe et le Perse abattus
Se plaire sous le joug et vanter vos vertus,
Et disputer enfin, par une aveugle envie,
A vos propres sujets le soin de votre vie?
Mais que sert à ce cœur que vous persécutez
De voir partout ailleurs adorer vos bontés?
Pensez-vous que ma haine en soit moins violente
Pour voir baiser partout la main qui me tourmente?
Tant de rois par vos soins vengés ou secourus,
Tant de peuples contens, me rendent-ils Porus?
Non, seigneur: je vous hais d'autant plus qu'on vous aime,
D'autant plus qu'il me faut vous admirer moi-même,
Que l'univers entier m'en impose la loi,
Et que personne enfin ne vous hait avec moi.

ALEXANDRE.

J'excuse les transports d'une amitié si tendre.'
Mais, madame, après tout ils doivent me surprendre:
Si la commune voix ne m'a point abusé,
Porus d'aucun regard ne fut favorisé;
Entre Taxile et lui votre cœur en balance,
Tant qu'ont duré ses jours, a gardé le silence;
Et lorsqu'il ne peut plus vous entendre aujourd'hui
Vous commencez, madame, à prononcer pour lui.
Pensez-vous que, sensible à cette ardeur nouvelle,
Sa cendre exige encor que vous brûliez pour elle?
Ne vous accablez point d'inutiles douleurs;
Des soins plus importans vous appellent ailleurs.

14

Vos larmes ont assez honoré sa mémoire :
Régnez, et de ce rang soutenez mieux la gloire ;
Et, redonnant le calme à vos sens désolés,
Rassurez vos états par sa chute ébranlés.
Parmi tant de grands rois choisissez-leur un maître.
Plus ardent que jamais, Taxile.....

AXIANE.

Quoi ! le traître !....

ALEXANDRE.

Eh ! de grâce, prenez des sentimens plus doux ;
Aucune trahison ne le souille envers vous.
Maître de ses états, il a pu se résoudre
A se mettre avec eux à couvert de la foudre :
Ni serment ni devoir ne l'avoient engagé
A courir dans l'abîme où Porus s'est plongé.
Enfin souvenez-vous qu'Alexandre lui-même
S'intéresse au bonheur d'un prince qui vous aime :
Songez que, réunis par un si juste choix,
L'Inde et l'Hydaspe entiers couleront sous vos lois ;
Que pour vos intérêts tout me sera facile
Quand je les verrai joints avec ceux de Taxile.
Il vient. Je ne veux point contraindre ses soupirs ;
Je le laisse lui-même expliquer ses désirs :
Ma présence à vos yeux n'est déjà que trop rude,
L'entretien des amans cherche la solitude :
Je ne vous trouble point.

SCÈNE III.

AXIANE, TAXILE.

AXIANE.

Approche, puissant roi,
Grand monarque de l'Inde ; on parle ici de toi :

On veut en ta faveur combattre ma colère ;
On dit que tes désirs n'aspirent qu'à me plaire,
Que mes rigueurs ne font qu'affermir ton amour :
On fait plus, et l'on veut que je t'aime à mon tour.
Mais sais-tu l'entreprise où s'engage ta flamme ?
Sais-tu par quels secrets on peut toucher mon ame?
Es-tu prêt....

TAXILE.

Ah ! madame, éprouvez seulement
Ce que peut sur mon cœur un espoir si charmant.
Que faut-il faire ?

AXIANE.

Il faut, s'il est vrai que l'on m'aime,
Aimer la gloire autant que je l'aime moi-même,
Ne m'expliquer ses vœux que par mille beaux faits,
Et haïr Alexandre autant que je le hais ;
Il faut marcher sans crainte au milieu des alarmes ;
Il faut combattre, vaincre, ou périr sous les armes.
Jette, jette les yeux sur Porus et sur toi ;
Et juge qui des deux étoit digne de moi.
Oui, Taxile, mon cœur, douteux en apparence,
D'un esclave et d'un roi faisoit la différence.
Je l'aimai, je l'adore : et puisqu'un sort jaloux
Lui défend de jouir d'un spectacle si doux,
C'est toi que je choisis pour témoin de sa gloire :
Mes pleurs feront toujours revivre sa mémoire ;
Toujours tu me verras, au fort de mon ennui,
Mettre tout mon plaisir à te parler de lui.

TAXILE.

Ainsi je brûle en vain pour une ame glacée,
L'image de Porus n'en peut être effacée :
Quand j'irois pour vous plaire affronter le trépas
Je me perdrois, madame, et ne vous plairois pas.
Je ne puis donc....

AXIANE.

Tu peux recouvrer mon estime;
Dans le sang ennemi tu peux laver ton crime.
L'occasion te rit : Porus dans le tombeau
Rassemble ses soldats autour de son drapeau ;
Son ombre seule encor semble arrêter leur fuite :
Les tiens même, les tiens, honteux de ta conduite,
Font lire sur leurs fronts justement courroucés
Le repentir du crime où tu les a forcés :
Va seconder l'ardeur du feu qui les dévore ;
Venge nos libertés, qui respirent encore ;
De mon trône et du tien deviens le défenseur ;
Cours, et donne à Porus un digne successeur.....
Tu ne me réponds rien ! Je vois sur ton visage
Qu'un si noble dessein étonne ton courage.
Je te propose en vain l'exemple d'un héros ;
Tu veux servir. Va, sers, et me laisse en repos.

TAXILE.

Madame, c'en est trop. Vous oubliez peut-être
Que si vous m'y forcez je puis parler en maître ;
Que je puis me lasser de souffrir vos dédains ;
Que vous et vos états, tout est entre mes mains ;
Qu'après tant de respects qui vous rendent plus fière
Je pourrais...

AXIANE.

Je t'entends. Je suis ta prisonnière :
Tu veux peut-être encor captiver mes désirs ;
Que mon cœur en tremblant réponde à tes soupirs.
Eh bien ! dépouille enfin cette douceur contrainte ;
Appelle à ton secours la terreur et la crainte ;
Parle en tyran tout prêt à me persécuter ;
Ma haine ne peut croître, et tu peux tout tenter.
Surtout ne me fais point d'inutiles menaces.
Ta sœur vient t'inspirer ce qu'il faut que tu fasses :
Adieu. Si ses conseils et mes vœux en sont crus,

Tu m'aideras bientôt à rejoindre Porus.

TAXILE.

Ah! plutôt....

SCÈNE IV.

TAXILE, CLÉOFILE.

CLÉOFILE.

Ah! quittez cette ingrate princesse,
Dont la haine a juré de nous troubler sans cesse;
Qui met tout son plaisir à vous désespérer.
Oubliez....

TAXILE.

Non, ma sœur, je la veux adorer.
Je l'aime : et quand les vœux que je pousse pour elle,
N'en obtiendroient jamais qu'une haine immortelle,
Malgré tous ses mépris, malgré tous vos discours,
Malgré moi-même il faut que je l'aime toujours.
Sa colère après tout n'a rien qui me surprenne;
C'est à vous, c'est à moi qu'il faut que je m'en prenne.
Sans vous, sans vos conseils, ma sœur, qui m'ont trahi,
Si je n'étois aimé je serois moins haï;
Je la verrois, sans vous, par mes soins défendue,
Entre Porus et moi demeurer suspendue:
Et ne seroit-ce pas un bonheur trop charmant
Que de l'avoir réduite à douter un moment?
Non, je ne puis plus vivre accablé de sa haine;
Il faut que je me jette aux pieds de l'inhumaine.
J'y cours : je vais m'offrir à servir son courroux,
Même contre Alexandre, et même contre vous.
Je sais de quelle ardeur vous brûlez l'un pour l'autre;
Mais c'est trop oublier mon repos pour le vôtre;
Et, sans m'inquiéter du succès de vos feux,
Il faut que tout périsse, ou que je sois heureux.

CLÉOFILE.

Allez donc, retournez sur le champ de bataille;
Ne laissez point languir l'ardeur qui vous travaille.
A quoi s'arrête ici ce courage inconstant?
Courez : on est aux mains, et Porus vous attend.

TAXILE.

Quoi! Porus n'est point mort? Porus vient de paroître?

CLÉOFILE

C'est lui. De si grands coups le font trop reconnoître.
Il l'avoit bien prévu, le bruit de son trépas
D'un vainqueur trop crédule a retenu le bras.
Il vient surprendre ici leur valeur endormie,
Troubler une victoire encor mal affermie.
Il vient, n'en doutez point, en amant furieux,
Enlever sa maîtresse, ou périr à ses yeux.
Que dis-je! votre camp séduit par cette ingrate,
Prêt à suivre Porus, en murmures éclate.
Allez vous-même, allez, en généreux amant,
Au secours d'un rival aimé si tendrement.
Adieu

SCÈNE V.

TAXILE.

Quoi! la fortune obstinée à me nuire
Ressuscite un rival armé pour me détruire!
Cet amant reverra les yeux qui l'ont pleuré,
Qui, tout mort qu'il étoit, me l'avoient préféré!
Ah! c'en est trop. Voyons ce que le sort m'apprête;
A qui doit demeurer cette noble conquête.
Allons. N'attendons pas dans un lâche courroux
Qu'un si grand différend se termine sans nous.

ACTE CINQUIÈME.

SCÈNE I.

ALEXANDRE, CLÉOFILE.

ALEXANDRE.

Quoi! vous craignez Porus même aprés sa défaite!
Ma victoire à vos yeux sembloit-elle imparfaite?
Non, non; c'est un captif qui n'a pu m'échapper,
Que mes ordres partout ont fait envelopper.
Loin de le craindre encor ne songez qu'à le plaindre.

CLÉOFILE.

Eh! c'est en cet état que Porus est à craindre!
Quelque brave qu'il fût, le bruit de sa valeur
M'inquiétoit bien moins que ne fait son malheur.
Tant qu'on l'a vu suivi d'une puissante armée,
Ses forces, ses exploits ne m'ont point alarmée :
Mais, seigneur, c'est un roi malheureux et soumis;
Et dés lors je le compte au rang de vos amis.

ALEXANDRE.

C'est un rang où Porus n'a plus droit de prétendre;
Il a trop recherché la haine d'Alexandre.
Il sait bien qu'à regret je m'y suis résolu;
Mais enfin je le hais autant qu'il l'a voulu.
Je dois même un exemple au reste de la terre :
Je dois venger sur lui tous les maux de la guerre,
Le punir des malheurs qu'il a pu prévenir,
Et de m'avoir forcé moi-même à le punir.
Vaincu deux fois, haï de ma belle princesse....

CLÉOFILE.

Je ne hais point Porus, seigneur, je le confesse ;
Et s'il m'étoit permis d'écouter aujourd'hui
La voix de ses malheurs, qui me parle pour lui,
Je vous dirois qu'il fut le plus grand de nos princes ;
Que son bras fut long-temps l'appui de nos provinces,
Qu'il a voulu peut-être, en marchant contre vous,
Qu'on le crût digne au moins de tomber sous vos coups,
Et qu'un même combat signalant l'un et l'autre
Son nom volât partout à la suite du vôtre.
Mais si je le défends, des soins si généreux
Retombent sur mon frère et détruisent ses vœux.
Tant que Porus vivra que faut-il qu'il devienne ?
Sa perte est infaillible, et peut-être la mienne.
Oui, oui, si son amour ne peut rien obtenir,
Il m'en rendra coupable, et m'en voudra punir.
Et maintenant encor que votre cœur s'apprête
A voler de nouveau de conquête en conquête ;
Quand je verrai le Gange entre mon frère et vous,
Qui retiendra, seigneur, son injuste courroux ?
Mon ame loin de vous languira solitaire.
Hélas ! s'il condamnoit mes soupirs à se taire,
Que deviendroit alors ce cœur infortuné ?
Où sera le vainqueur à qui je l'ai donné ?

ALEXANDRE.

Ah ! c'en est trop, madame ; et si ce cœur se donne
Je saurai le garder, quoi que Taxile ordonne,
Bien mieux que tant d'états qu'on m'a vu conquérir,
Et que je n'ai gardés que pour vous les offrir.
Encore une victoire, et je reviens, madame,
Borner toute ma gloire à régner sur votre ame,
Vous obéir moi-même, et mettre entre vos mains
Le destin d'Alexandre et celui des humains.
Le Mallien m'attend, prêt à me rendre hommage.

Si prés de l'Océan, que faut-il davantage
Que d'aller me montrer à ce fier élément
Comme vainqueur du monde et comme votre amant?
Alors....

CLÉOFILE.

Mais quoi! seigneur, toujours guerre sur guerre?
Cherchez-vous des sujets au-delà de la terre?
Voulez-vous pour témoins de vos faits éclatans
Des pays inconnus même à leurs habitans?
Qu'espérez-vous combattre en des climats si rudes?
Ils vous opposeront de vastes solitudes,
Des déserts que le ciel refuse d'éclairer,
Où la nature semble elle-même expirer.
Et peut-être le sort, dont la secrète envie
N'a pu cacher le cours d'une si belle vie,
Vous attend dans ces lieux, et veut que dans l'oubli
Votre tombeau du moins demeure enseveli.
Pensez-vous y traîner les restes d'une armée
Vingt fois renouvelée et vingt fois consumée?
Vos soldats, dont la vue excite la pitié,
D'eux-mêmes en cent lieux ont laissé la moitié;
Et leurs gémissemens vous font assez connoître....

ALEXANDRE.

Ils marcheront, madame, et je n'ai qu'à paroître:
Ces cœurs qui dans un camp, d'un vain loisir déçus,
Comptent en murmurant les coups qu'ils ont reçus,
Revivront pour me suivre, et blâmant leurs murmures
Brigueront à mes yeux de nouvelles blessures.
Cependant de Taxile appuyons les soupirs:
Son rival ne peut plus traverser ses désirs.
Je vous l'ai dit, madame et j'ose encor vous dire....

CLÉOFILE.

Seigneur, voici la reine.

SCÈNE II.

ALEXANDRE, AXIANE, CLÉOFILE.

ALEXANDRE.

Eh bien! Porus respire.
Le ciel semble, madame, écouter vos souhaits;
Il vous le rend.....

AXIANE.

Hélas! il me l'ôte à jamais!
Aucun reste d'espoir ne peut flatter ma peine;
Sa mort étoit douteuse, elle devient certaine:
Il y court; et peut-être il ne s'y vient offrir
Que pour me voir encore et pour me secourir.
Mais que feroit-il seul contre toute une armée?
En vain ses grands efforts l'ont d'abord alarmée:
En vain quelques guerriers qu'anime son grand cœur
Ont ramené l'effroi dans le camp du vainqueur:
Il faut bien qu'il succombe, et qu'enfin son courage
Tombe sur tant de morts qui ferment son passage.
Encor si je pouvois, en sortant de ces lieux,
Lui montrer Axiane et mourir à ses yeux!
Mais Taxile m'enferme; et cependant le traître
Du sang de ce héros est allé se repaître;
Dans les bras de la mort il le va regarder,
Si toutefois encore il ose l'aborder.

ALEXANDRE.

Non, madame, mes soins ont assuré sa vie:
Son retour va bientôt contenter votre envie.
Vous le verrez.

AXIANE.

Vos soins s'étendroient jusqu'à lui!
Le bras qui l'accabloit deviendroit son appui!

J'attendrois son salut de la main d'Alexandre!
Mais quel miracle enfin n'en dois-je point attendre?
Je m'en souviens, seigneur, vous me l'avez promis,
Qu'Alexandre vainqueur n'avoit plus d'ennemis:
Ou plutôt ce guerrier ne fut jamais le vôtre:
La gloire également vous arma l'un et l'autre.
Contre un si grand courage il voulut s'éprouver,
Et vous ne l'attaquiez qu'afin de le sauver.

ALEXANDRE.

Ses mépris redoublés qui bravent ma colère
Mériteroient sans doute un vainqueur plus sévère;
Son orgueil en tombant semble s'être affermi :
Mais je veux bien cesser d'être son ennemi;
J'en dépouille, madame, et la haine et le titre.
De mes ressentimens je fais Taxile arbitre :
Seul il peut à son choix le perdre ou l'épargner;
Et c'est lui seul enfin que vous devez gagner.

AXIANE.

Moi, j'irois à ses pieds mendier un asile!
Et vous me renvoyez aux bontés de Taxile!
Vous voulez que Porus cherche un appui si bas!
Ah! seigneur, votre haine a juré son trépas.
Non, vous ne le cherchiez qu'afin de le détruire.
Qu'une ame généreuse est facile à séduire!
Déjà mon cœur crédule, oubliant son courroux,
Admiroit des vertus qui ne sont point en vous.
Armez-vous donc, seigneur, d'une valeur cruelle;
Ensanglantez la fin d'une course si belle :
Après tant d'ennemis qu'on vous vit relever,
Perdez le seul enfin que vous deviez sauver.

ALEXANDRE.

Eh bien! aimez Porus sans détourner sa perte;
Refusez la faveur qui vous étoit offerte;
Soupçonnez ma pitié d'un sentiment jaloux:
Mais enfin s'il périt n'en accusez que vous.

Le voici. Je veux bien le consulter lui-même :
Que Porus de son sort soit l'arbitre suprême.

SCÈNE III.

ALEXANDRE, PORUS, AXIANE, CLÉOFILE, ÉPHESTION, GARDES D'ALEXANDRE.

ALEXANDRE.

Eh bien! de votre orgueil, Porus, voilà le fruit!
Où sont ces beaux succés qui vous avoient séduit?
Cette fierté si haute est enfin abaissée.
Je dois une victime à ma gloire offensée :
Rien ne vous peut sauver. Je veux bien toutefois
Vous offrir un pardon refusé tant de fois.
Cette reine, elle seule à mes bontés rebelle,
Aux dépens de vos jours veut vous être fidèle,
Et que sans balancer vous mouriez seulement
Pour porter au tombeau le nom de son amant.
N'achetez point si cher une gloire inutile :
Vivez, mais consentez au bonheur de Taxile.

PORUS.

Taxile!

ALEXANDRE.

Oui.

PORUS.

Tu fais bien, et j'approuve tes soins :
Ce qu'il a fait pour toi ne mérite pas moins.
C'est lui qui m'a des mains arraché la victoire;
Il t'a donné sa sœur, il t'a vendu sa gloire,
Il t'a livré Porus; que feras-tu jamais
Qui te puisse acquitter d'un seul de ses bienfaits?
Mais j'ai su prévenir le soin qui te travaille :
Va le voir expirer sur le champ de bataille.

ALEXANDRE.

Quoi! Taxile!

CLÉOFILE.

Qu'entends-je!

ÉPHESTION.

Oui, seigneur, il est mort;
Il s'est livré lui-même aux rigueurs de son sort.
Porus étoit vaincu : mais au lieu de se rendre
Il sembloit attaquer, et non pas se défendre.
Ses soldats, à ses pieds étendus et mourans,
Le mettoient à l'abri de leurs corps expirans.
Là, comme dans un fort, son audace enfermée
Se soutenoit encor contre toute une armée,
Et d'un bras qui portoit la terreur et la mort
Aux plus hardis guerriers en défendoit l'abord.
Je l'épargnois toujours. Sa vigueur affoiblie
Bientôt en mon pouvoir auroit laissé sa vie
Quand sur ce champ fatal Taxile descendu,
« Arrêtez, c'est à moi que ce captif est dû.
« C'en est fait, a-t-il dit, et ta peine est certaine,
« Porus; il faut périr ou me céder la reine. »
Porus, à cette voix ranimant son courroux,
A relevé ce bras lassé de tant de coups;
Et cherchant son rival d'un œil fier et tranquille,
« N'entends-je pas, dit-il, l'infidèle Taxile,
« Ce traître à sa patrie, à sa maîtresse, à moi?
« Viens, lâche, poursuit-il; Axiane est à toi :
« Je veux bien te céder cette illustre conquête;
« Mais il faut que ton bras l'emporte avec ma tête.
« Approche. » A ce discours ces rivaux irrités
L'un sur l'autre à la fois se sont précipités.
Nous nous sommes en foule opposés à leur rage;
Mais Porus parmi nous court et s'ouvre un passage,
Joint Taxile, le frappe, et lui perçant le cœur,
Content de sa victoire, il se rend au vainqueur.

CLÉOFILE.

Seigneur, c'est donc à moi de répandre des larmes;
C'est sur moi qu'est tombé tout le faix de vos armes.
Mon frère a vainement recherché votre appui,
Et votre gloire, hélas! n'est funeste qu'à lui.
Que lui sert au tombeau l'amitié d'Alexandre?
Sans le venger, seigneur, l'y verrez-vous descendre?
Souffrirez-vous qu'après l'avoir percé de coups
On en triomphe aux yeux de sa sœur et de vous?

AXIANE.

Oui, seigneur, écoutez les pleurs de Cléofile:
Je la plains; elle a droit de regretter Taxile:
Tous ses efforts en vain l'ont voulu conserver;
Elle en a fait un lâche, et ne l'a pu sauver.
Ce n'est point que Porus ait attaqué son frère;
Il s'est offert lui-même à sa juste colère.
Au milieu du combat que venoit-il chercher?
Au courroux du vainqueur venoit-il l'arracher?
Il venoit accabler dans son malheur extrême
Un roi que respectoit la victoire elle-même.
Mais pourquoi vous ôter un prétexte si beau?
Que voulez-vous de plus? Taxile est au tombeau:
Immolez-lui, seigneur, cette grande victime;
Vengez-vous. Mais songez que j'ai part à son crime.
Oui, oui, Porus, mon cœur n'aime point à demi;
Alexandre le sait, Taxile en a gémi:
Vous seul vous l'ignoriez; mais ma joie est extrême
De pouvoir en mourant vous le dire à vous-même.

PORUS.

Alexandre, il est temps que tu sois satisfait.
Tout vaincu que j'étois, tu vois ce que j'ai fait:
Crains Porus; crains encor cette main désarmée
Qui venge sa défaite au milieu d'une armée.
Mon nom peut soulever de nouveaux ennemis,

Et réveiller cent rois dans leurs fers endormis.
Etouffe dans mon sang ces semences de guerre ;
Va vaincre en sûreté le reste de la terre.
Aussi bien n'attends pas qu'un cœur comme le mien
Reconnoisse un vainqueur, et te demande rien.
Parle, et sans espérer que je blesse ma gloire
Voyons comme tu sais user de la victoire.

ALEXANDRE.

Votre fierté, Porus, ne se peut abaisser :
Jusqu'au dernier soupir vous m'osez menacer.
En effet ma victoire en doit être alarmée,
Votre nom peut encor plus que toute une armée :
Je m'en dois garantir. Parlez donc, dites-moi,
Comment prétendez-vous que je vous traite ?

PORUS.

En roi.

ALEXANDRE.

Eh bien, c'est donc en roi qu'il faut que je vous traite ;
Je ne laisserai point ma victoire imparfaite ;
Vous l'avez souhaité, vous ne vous plaindrez pas.
Régnez toujours, Porus : je vous rends vos états.
Avec mon amitié recevez Axiane :
A des liens si doux tous deux je vous condamne.
Vivez, régnez tous deux, et seuls de tant de rois
Jusques aux bords du Gange allez donner vos lois.

(A Cléofile.)

Ce traitement, madame, a droit de vous surprendre :
Mais enfin c'est ainsi que se venge Alexandre.
Je vous aime ; et mon cœur, touché de vos soupirs,
Voudroit par mille morts venger vos déplaisirs.
Mais vous-même pourriez prendre pour une offense
La mort d'un ennemi qui n'est plus en défense :
Il en triompheroit ; et, bravant ma rigueur,

Porus dans le tombeau descendroit en vainqueur.
Souffrez que, jusqu'au bout achevant ma carrière,
J'apporte à vos beaux yeux ma vertu tout entière.
Laissez régner Porus couronné par mes mains,
Et commandez vous-même au reste des humains.
Prenez les sentimens que ce rang vous inspire ;
Faites dans sa naissance admirer votre empire ;
Et, regardant l'éclat qui se répand sur vous,
De la sœur de Taxile oubliez le courroux.

AXIANE.

Oui, madame, régnez ; et souffrez que moi-même
J'admire le grand cœur d'un héros qui vous aime.
Aimez, et possédez l'avantage charmant
De voir toute la terre adorer votre amant.

PORUS.

Seigneur, jusqu'à ce jour l'univers en alarmes
Me forçoit d'admirer le bonheur de vos armes :
Mais rien ne me forçoit, en ce commun effroi,
De reconnoître en vous plus de vertus qu'en moi.
Je me rends ; je vous cède une pleine victoire :
Vos vertus, je l'avoue, égalent votre gloire.
Allez, seigneur, rangez l'univers sous vos lois ;
Il me verra moi-même appuyer vos exploits :
Je vous suis, et je crois devoir tout entreprendre
Pour lui donner un maître aussi grand qu'Alexandre.

CLÉOFILE.

Seigneur, que vous peut dire un cœur triste, abattu ?
Je ne murmure point contre votre vertu :
Vous rendez à Porus la vie et la couronne ;
Je veux croire qu'ainsi votre gloire l'ordonne.
Mais ne me pressez point : en l'état où je suis
Je ne puis que me taire et pleurer mes ennuis.

ALEXANDRE.

Oui, madame, pleurons un ami si fidèle ;
Faisons en soupirant éclater notre zèle ;
Et qu'un tombeau superbe instruise l'avenir
Et de votre douleur et de mon souvenir.

FIN D'ALEXANDRE.

14.

ANDROMAQUE,

TRAGÉDIE.

(1667.)

PERSONNAGES.

ANDROMAQUE, veuve d'Hector, captive de Pyrrhus.
PYRRHUS, fils d'Achille, roi d'Epire.
ORESTE, fils d'Agamemnon, amant d'Hermione.
HERMIONE, fille d'Hélène, accordée avec Pyrrhus.
PYLADE, ami d'Oreste.
CLÉONE, confidente d'Hermione.
CÉPHISE, confidente d'Andromaque.
PHOENIX, gouverneur d'Achille et ensuite de Pyrrhus.
Suite d'Oreste.

La scène est à Buthrote, ville d'Epire, dans une salle du palais de Pyrrhus.

ANDROMAQUE,

TRAGÉDIE.

ACTE PREMIER.

SCÈNE I.

ORESTE, PYLADE.

ORESTE.

Oui, puisque je retrouve un ami si fidèle
Ma fortune va prendre une face nouvelle,
Et déjà son courroux semble s'être adouci
Depuis qu'elle a pris soin de nous rejoindre ici.
Qui l'eût dit qu'un rivage à mes vœux si funeste
Présenteroit d'abord Pylade aux yeux d'Oreste,
Qu'après plus de six mois que je t'avois perdu
A la cour de Pyrrhus tu me serois rendu?

PYLADE.

J'en rends grâces au ciel, qui m'arrêtant sans cesse
Sembloit m'avoir fermé le chemin de la Grèce
Depuis le jour fatal que la fureur des eaux
Presque aux yeux de l'Epire écarta nos vaisseaux.
Combien dans cet exil ai-je souffert d'alarmes,
Combien à vos malheurs ai-je donné de larmes,
Craignant toujours pour vous quelque nouveau danger
Que ma triste amitié ne pouvoit partager.

Surtout je redoutois cette mélancolie
Où j'ai vu si long-temps votre ame ensevelie :
Je craignois que le ciel, par un cruel secours,
Ne vous offrît la mort que vous cherchiez toujours.
Mais je vous vois, seigneur ; et, si j'ose le dire,
Un destin plus heureux vous conduit en Epire :
Le pompeux appareil qui suit ici vos pas
N'est point d'un malheureux qui cherche le trépas.

ORESTE.

Hélas ! qui peut savoir le destin qui m'amène ?
L'amour me fait ici chercher une inhumaine :
Mais qui sait ce qu'il doit ordonner de mon sort,
Et si je viens chercher ou la vie ou la mort ?

PYLADE.

Quoi ! votre ame à l'amour en esclave asservie
Se repose sur lui du soin de votre vie !
Par quel charme, oubliant tant de tourmens soufferts,
Pouvez-vous consentir à rentrer dans ses fers ?
Pensez-vous qu'Hermione, à Sparte inexorable,
Vous prépare en Epire un sort plus favorable ?
Honteux d'avoir poussé tant de vœux superflus,
Vous l'abhorriez ; enfin vous ne m'en parliez plus.
Vous me trompiez, seigneur.

ORESTE.

Je me trompois moi-même !
Ami, n'accable point un malheureux qui t'aime :
T'ai-je jamais caché mon cœur et mes désirs ?
Tu vis naître ma flamme et mes premiers soupirs :
Enfin, quand Ménélas disposa de sa fille
En faveur de Pyrrhus, vengeur de sa famille,
Tu vis mon désespoir, et tu m'as vu depuis
Traîner de mers en mers ma chaîne et mes ennuis.
Je te vis à regret, en cet état funeste,
Prêt à suivre partout le déplorable Oreste,

Toujours de ma fureur interrompre le cours,
Et de moi-même enfin me sauver tous les jours.
Mais quand je me souvins que parmi tant d'alarmes
Hermione à Pyrrhus prodiguoit tous ses charmes,
Tu sais de quel courroux mon cœur alors épris
Voulut en l'oubliant punir tous ses mépris.
Je fis croire et je crus ma victoire certaine ;
Je pris tous mes transports pour des transports de haine
Détestant ses rigueurs, rabaissant ses attraits,
Je défiois ses yeux de me troubler jamais.
Voilà comme je crus étouffer ma tendresse.
En ce calme trompeur j'arrivai dans la Grèce,
Et je trouvai d'abord ses princes rassemblés,
Qu'un péril assez grand sembloit avoir troublés.
J'y courus. Je pensai que la guerre et la gloire
De soins plus importans rempliroient ma mémoire ;
Que, mes sens reprenant leur première vigueur,
L'amour acheveroit de sortir de mon cœur.
Mais admire avec moi le sort, dont la poursuite
Me fait courir alors au piége que j'évite.
J'entends de tous côtés qu'on menace Pyrrhus :
Toute la Grèce éclate en murmures confus :
On se plaint qu'oubliant son sang et sa promesse
Il élève en sa cour l'ennemi de la Grèce,
Astyanax, d'Hector jeune et malheureux fils,
Reste de tant de rois sous Troie ensevelis.
J'apprends que pour ravir son enfance au supplice
Andromaque trompa l'ingénieux Ulysse,
Tandis qu'un autre enfant arraché de ses bras
Sous le nom de son fils fut conduit au trépas.
On dit que, peu sensible aux charmes d'Hermione,
Mon rival porte ailleurs son cœur et sa couronne.
Ménélas, sans le croire en paroît affligé,
Et se plaint d'un hymen si long-temps négligé.
Parmi les déplaisirs où son ame se noie,

Il s'élève en là mienne une secrète joie :
Je triomphe, et pourtant je me flatte d'abord
Que la seule vengeance excite ce transport.
Mais l'ingrate en mon cœur reprit bientôt sa place :
De mes feux mal éteints je reconnus la trace :
Je sentis que ma haine alloit finir son cours ;
Ou plutôt je sentis que je l'aimois toujours.
Ainsi de tous les Grecs je brigue le suffrage.
On m'envoie à Pyrrhus : j'entreprends ce voyage.
Je viens voir si l'on peut arracher de ses bras
Cet enfant dont la vie alarme tant d'états:
Heureux si je pouvois, dans l'ardeur qui me presse,
Au lieu d'Astyanax lui ravir ma princesse !
Car enfin n'attends pas que mes feux redoublés
Des périls les plus grands puissent être troublés.
Puisqu'après tant d'efforts ma résistance est vaine
Je me livre en aveugle au transport qui m'entraîne.
J'aime : je viens chercher Hermione en ces lieux,
La fléchir, l'enlever ou mourir à ses yeux.
Toi qui connois Pyrrhus, que penses-tu qu'il fasse?
Dans sa cour, dans son cœur, dis-moi ce qui se passe.
Mon Hermione encor le tient-elle asservi ?
Me rendra-t-il, Pylade, un bien qu'il m'a ravi ?

PYLADE.

Je vous abuserois si j'osois vous promettre
Qu'entre vos mains, seigneur, il voulût la remettre,
Non que de sa conquête il paroisse flatté.
Pour la veuve d'Hector ses feux ont éclaté ;
Il l'aime : mais enfin cette veuve inhumaine
N'a payé jusqu'ici son amour que de haine ;
Et chaque jour encore on lui voit tout tenter
Pour fléchir sa captive ou pour l'épouvanter.
De son fils qu'il lui cache il menace la tête,
Et fait couler des pleurs qu'aussitôt il arrête.
Hermione elle-même a vu plus de cent fois

Cet amant irrité revenir sous ses lois,
Et, de ses vœux troublés lui rapportant l'hommage,
Soupirer à ses pieds moins d'amour que de rage.
Ainsi n'attendez pas que l'on puisse aujourd'hui
Vous répondre d'un cœur si peu maître de lui :
Il peut, seigneur, il peut dans ce désordre extrême
Epouser ce qu'il hait, et perdre ce qu'il aime.

ORESTE.

Mais dis-moi de quel œil Hermione peut voir
Son hymen différé, ses charmes sans pouvoir.

PYLADE.

Hermione, seigneur, au moins en apparence,
Semble de son amant dédaigner l'inconstance,
Et croit que, trop heureux de fléchir sa rigueur,
Il la viendra presser de reprendre son cœur.
Mais je l'ai vue enfin me confier ses larmes :
Elle pleure en secret le mépris de ses charmes ;
Toujours prête à partir, et demeurant toujours,
Quelquefois elle appelle Oreste à son secours.

ORESTE.

Ah ! si je le croyois j'irois bientôt, Pylade,
Me jeter.....

PYLADE.

Achevez, seigneur, votre ambassade.
Vous attendez le roi. Parlez, et lui montrez
Contre le fils d'Hector tous les Grecs conjurés.
Loin de leur accorder ce fils de sa maîtresse,
Leur haine ne fera qu'irriter sa tendresse :
Plus on les veut brouiller, plus on va les unir.
Pressez, demandez tout pour ne rien obtenir.
Il vient.

ORESTE.

Eh bien, va donc disposer la cruelle
A revoir un amant qui ne vient que pour elle.

SCÈNE II.

PYRRHUS, ORESTE, PHOENIX.

ORESTE,

Avant que tous les Grecs vous parlent par ma voix
Souffrez que j'ose ici me flatter de leur choix,
Et qu'à vos yeux, seigneur, je montre quelque joie
De voir le fils d'Achille et le vainqueur de Troie.
Oui, comme ses exploits nous admirons vos coups;
Hector tomba sous lui, Troie expira sous vous;
Et vous avez montré, par une heureuse audace,
Que le fils seul d'Achille a pu remplir sa place.
Mais, ce qu'il n'eût point fait, la Grèce avec douleur
Vous voit du sang troyen relever le malheur,
Et vous laissant toucher d'une pitié funeste
D'une guerre si longue entretenir le reste.
Ne vous souvient-il plus, seigneur, quel fut Hector?
Nos peuples affoiblis s'en souviennent encor:
Son nom seul fait frémir nos veuves et nos filles;
Et dans toute la Grèce il n'est point de familles
Qui ne demandent compte à ce malheureux fils
D'un père ou d'un époux qu'Hector leur a ravis.
Et qui sait ce qu'un jour ce fils peut entreprendre?
Peut-être dans nos ports nous le verrons descendre,
Tel qu'on a vu son père embraser nos vaisseaux,
Et, la flamme à la main, les suivre sur les eaux.
Oserai-je, seigneur, dire ce que je pense?
Vous-même de vos soins craignez la récompense,
Et que dans votre sein ce serpent élevé
Ne vous punisse un jour de l'avoir conservé.
Enfin de tous les Grecs satisfaites l'envie,
Assurez leur vengeance, assurez votre vie:

Perdez un ennemi d'autant plus dangereux
Qu'il s'essaiera sur vous à combattre contre eux.

PYRRHUS.

La Grèce en ma faveur est trop inquiétée :
De soins plus importans je l'ai crue agitée,
Seigneur ; et sur le nom de son ambassadeur
J'avois dans ses projets conçu plus de grandeur.
Qui croiroit en effet qu'une telle entreprise
Du fils d'Agamemnon méritât l'entremise ;
Qu'un peuple tout entier, tant de fois triomphant,
N'eût daigné conspirer que la mort d'un enfant ?
Mais à qui prétend-on que je le sacrifie ?
La Grèce a-t-elle encor quelque droit sur sa vie ?
Et seul de tous les Grecs ne m'est-il pas permis
D'ordonner des captifs que le sort m'a soumis ?
Oui, seigneur, lorsqu'au pied des murs fumans de Troie
Les vainqueurs tout sanglans partagèrent leur proie,
Le sort, dont les arrêts furent alors suivis,
Fit tomber en mes mains Andromaque et son fils.
Hécube près d'Ulysse achève sa misère ;
Cassandre dans Argos a suivi votre père :
Sur eux, sur leurs captifs ai-je étendu mes droits ?
Ai-je enfin disposé du fruit de leurs exploits ?
On craint qu'avec Hector Troie un jour ne renaisse !
Son fils peut me ravir le jour que je lui laisse !
Seigneur, tant de prudence entraîne trop de soin ;
Je ne sais point prévoir les malheurs de si loin.
Je songe quelle étoit autrefois cette ville
Si superbe en remparts, en héros si fertile,
Maîtresse de l'Asie ; et je regarde enfin
Quel fut le sort de Troie et quel est son destin :
Je ne vois que des tours que la cendre a couvertes,
Un fleuve teint de sang, des campagnes désertes,
Un enfant dans les fers ; et je ne puis songer
Que Troie en cet état aspire à se venger.

Ah! si du fils d'Hector la perte étoit jurée,
Pourquoi d'un an entier l'avons-nous différée?
Dans le sein de Priam n'a-t-on pu l'immoler?
Sous tant de morts, sous Troie, il falloit l'accabler.
Tout étoit juste alors : la vieillesse et l'enfance
En vain sur leur foiblesse appuyoient leur défense;
La victoire et la nuit, plus cruelles que nous,
Nous excitoient au meurtre et confondoient nos coups.
Mon courroux aux vaincus ne fut que trop sévère.
Mais que ma cruauté survive à ma colère,
Que, malgré la pitié dont je me sens saisir,
Dans le sang d'un enfant je me baigne à loisir !
Non, seigneur. Que les Grecs cherchent quelque autre proie
Qu'ils poursuivent ailleurs ce qui reste de Troie :
De mes inimitiés le cours est achevé;
L'Epire sauvera ce que Troie a sauvé.

ORESTE.

Seigneur, vous savez trop avec quel artifice
Un faux Astyanax fut offert au supplice
Où le seul fils d'Hector devoit être conduit.
Ce n'est pas les Troyens, c'est Hector qu'on poursuit.
Oui, les Grecs sur le fils persécutent le père;
Il a par trop de sang acheté leur colère :
Ce n'est que dans le sien qu'elle peut expirer;
Et jusque dans l'Epire il les peut attirer.
Prévenez-les.

PYRRHUS.

Non, non. J'y consens avec joie;
Qu'ils cherchent dans l'Epire une seconde Troie;
Qu'ils confondent leur haine, et ne distinguent plus
Le sang qui les fit vaincre et celui des vaincus.
Aussi bien ce n'est pas la première injustice
Dont la Grèce d'Achille a payé le service.
Hector en profita, seigneur; et quelque jour
Son fils en pourroit bien profiter à son tour.

ORESTE.

Ainsi la Grèce en vous trouve un enfant rebelle?

PYRRHUS.

Et je n'ai donc vaincu que pour dépendre d'elle?

ORESTE.

Hermione, seigneur, arrêtera vos coups :
Ses yeux s'opposeront entre son père et vous.

PYRRHUS.

Hermione, seigneur, peut m'être toujours chère;
Je puis l'aimer sans être esclave de son père :
Et je saurai peut-être accorder quelque jour
Les soins de ma grandeur et ceux de mon amour.
Vous pouvez cependant voir la fille d'Hélène :
Du sang qui vous unit je sais l'étroite chaîne.
Après cela, seigneur, je ne vous retiens plus,
Et vous pourrez aux Grecs annoncer mon refus.

SCÈNE III.

PYRRHUS, PHOENIX.

PHOENIX.

Ainsi vous l'envoyez aux pieds de sa maîtresse?

PYRRHUS.

On dit qu'il a long-temps brûlé pour la princesse.

PHOENIX.

Mais si ce feu, seigneur, vient à se rallumer,
S'il lui rendoit son cœur, s'il s'en faisoit aimer?

PYRRHUS.

Ah! qu'ils s'aiment, Phœnix, j'y consens. Qu'elle parte.
Que charmés l'un de l'autre ils retournent à Sparte.
Tous nos ports sont ouverts et pour elle et pour lui.
Qu'elle m'épargneroit de contrainte et d'ennui!

PHOENIX.

Seigneur...

PYRRHUS.

Une autre fois je t'ouvrirai mon ame ;
Andromaque paroît.

SCÈNE IV.

ANDROMAQUE, PYRRHUS, CÉPHISE, PHOENIX.

PYRRHUS.

Me cherchiez-vous, madame ?
Un espoir si charmant me seroit-il permis ?

ANDROMAQUE.

Je passois jusqu'aux lieux où l'on garde mon fils.
Puisqu'une fois le jour vous souffrez que je voie
Le seul bien qui me reste et d'Hector et de Troie,
J'allois, seigneur, pleurer un moment avec lui :
Je ne l'ai point encore embrassé d'aujourd'hui !

PYRRHUS.

Ah madame ! les Grecs, si j'en crois leurs alarmes,
Vous donneront bientôt d'autres sujets de larmes.

ANDROMAQUE.

Et quelle est cette peur dont leur cœur est frappé,
Seigneur ? Quelque Troyen vous est-il échappé ?

PYRRHUS.

Leur haine pour Hector n'est pas encore éteinte :
Ils redoutent son fils.

ANDROMAQUE.

Digne objet de leur crainte !
Un enfant malheureux, qui ne sait pas encor
Que Pyrrhus est son maître et qu'il est fils d'Hector !

PYRRHUS.

Tel qu'il est, tous les Grecs demandent qu'il périsse.
Le fils d'Agamemnon vient hâter son supplice.

ANDROMAQUE.

Et vous prononcerez un arrêt si cruel?
Est-ce mon intérêt qui le rend criminel?
Hélas! on ne craint point qu'il venge un jour son père;
On craint qu'il n'essuyât les larmes de sa mère.
Il m'auroit tenu lieu d'un père et d'un époux :
Mais il me faut tout perdre, et toujours par vos coups.

PYRRHUS.

Madame, mes refus ont prévenu vos larmes.
Tous les Grecs m'ont déjà menacé de leurs armes:
Mais dussent-ils encore, en repassant les eaux,
Demander votre fils avec mille vaisseaux;
Coûtât-il tout le sang qu'Hélène a fait répandre;
Dussé-je après dix ans voir mon palais en cendre;
Je ne balance point, je vole à son secours,
Je défendrai sa vie aux dépens de mes jours.
Mais, parmi ces périls où je cours pour vous plaire,
Me refuserez-vous un regard moins sévère?
Haï de tous les Grecs, pressé de tous côtés,
Me faudra-t-il combattre encor vos cruautés?
Je vous offre mon bras. Puis-je espérer encore
Que vous accepterez un cœur qui vous adore?
En combattant pour vous me sera-t-il permis
De ne vous point compter parmi mes ennemis?

ANDROMAQUE.

Seigneur, que faites-vous, et que dira la Grèce?
Faut-il qu'un si grand cœur montre tant de foiblesse?
Voulez-vous qu'un dessein si beau, si généreux
Passe pour le transport d'un esprit amoureux?
Captive, toujours triste, importune à moi-même,
Pouvez-vous souhaiter qu'Andromaque vous aime?
Quels charmes ont pour vous des yeux infortunés

Qu'à des pleurs éternels vous avez condamnés?
Non, non : d'un ennemi respecter la misère,
Sauver des malheureux, rendre un fils à sa mère,
De cent peuples pour lui combattre la rigueur
Sans me faire payer son salut de mon cœur,
Malgré moi, s'il le faut, lui donner un asile,
Seigneur, voilà des soins dignes du fils d'Achille.

PYRRHUS.

Eh quoi ! votre courroux n'a-t-il pas eu son cours?
Peut-on haïr sans cesse, et punit-on toujours?
J'ai fait des malheureux sans doute ; et la Phrygie
Cent fois de votre sang a vu ma main rougie :
Mais que vos yeux sur moi se sont bien exercés!
Qu'ils m'ont vendu bien cher les pleurs qu'ils ont versés!
De combien de remords m'ont-ils rendu la proie!
Je souffre tous les maux que j'ai faits devant Troie.
Vaincu, chargé de fers, de regrets consumé,
Brûlé de plus de feux que je n'en allumai,
Tant de soins, tant de pleurs, tant d'ardeurs inquiètes,
Hélas! fus-je jamais si cruel que vous l'êtes?
Mais enfin tour à tour c'est assez nous punir;
Nos ennemis communs devroient nous réunir :
Madame, dites-moi seulement que j'espère,
Je vous rends votre fils, et je lui sers de père;
Je l'instruirai moi-même à venger les Troyens;
J'irai punir les Grecs de vos maux et des miens.
Animé d'un regard, je puis tout entreprendre :
Votre Ilion encor peut sortir de sa cendre;
Je puis en moins de temps que les Grecs ne l'ont pris
Dans ses murs relevés couronner votre fils.

ANDROMAQUE.

Seigneur, tant de grandeurs ne nous touchent plus guère;
Je les lui promettois tant qu'a vécu son père.
Non, vous n'espérez plus de nous revoir encor,
Sacrés murs, que n'a pu conserver mon Hector!

A de moindres faveurs des malheureux prétendent,
Seigneur; c'est un exil que mes pleurs vous demandent.
Souffrez que loin des Grecs et même loin de vous
J'aille cacher mon fils et pleurer mon époux.
Votre amour contre nous allume trop de haine :
Retournez, retournez à la fille d'Hélène.

PYRRHUS.

Et le puis-je, madame? Ah! que vous me gênez!
Comment lui rendre un cœur que vous me retenez?
Je sais que de mes vœux on lui promit l'empire;
Je sais que pour régner elle vint dans l'Epire :
Le sort vous y voulut l'une et l'autre amener,
Vous pour porter des fers, elle pour en donner.
Cependant ai-je pris quelque soin de lui plaire ?
Et ne diroit-on pas, en voyant au contraire
Vos charmes tout puissans et les siens dédaignés,
Qu'elle est ici captive, et que vous y régnez?
Ah! qu'un seul des soupirs que mon cœur vous envoie
S'il s'échappoit vers elle y porteroit de joie!

ANDROMAQUE

Et pourquoi vos soupirs seroient-ils repoussés?
Auroit-elle oublié vos services passés?
Troie, Hector contre vous révoltent-ils son ame?
Aux cendres d'un époux doit-elle enfin sa flamme?
Et quel époux encore! Ah! souvenir cruel!
Sa mort seule a rendu votre père immortel;
Il doit au sang d'Hector tout l'éclat de ses armes,
Et vous n'êtes tous deux connus que par mes larmes.

PYRRHUS.

Eh bien, madame, eh bien, il vous faut obéir :
Il faut vous oublier, ou plutôt vous haïr.
Oui, mes vœux ont trop loin poussé leur violence
Pour ne plus s'arrêter que dans l'indifférence.
Songez-y bien, il faut désormais que mon cœur,
S'il n'aime avec transport, haïsse avec fureur.

Je n'épargnerai rien dans ma juste colère :
Le fils me répondra des mépris de la mère ;
La Grèce le demande, et je ne prétends pas
Mettre toujours ma gloire à sauver des ingrats.

ANDROMAQUE.

Hélas! il mourra donc! il n'a pour sa défense
Que les pleurs de sa mère et que son innocence...
Et peut-être après tout, en l'état où je suis,
Sa mort avancera la fin de mes ennuis :
Je prolongeois pour lui ma vie et ma misère ;
Mais enfin sur ses pas j'irai revoir son père.
Ainsi tous trois, seigneur, par vos soins réunis,
Nous vous...

PYRRHUS.

Allez, madame, allez voir votre fils.
Peut-être en le voyant votre amour plus timide
Ne prendra pas toujours sa colère pour guide.
Pour savoir nos destins j'irai vous retrouver :
Madame, en l'embrassant songez à le sauver.

ACTE SECOND.

SCÈNE I.

HERMIONE, CLÉONE.

HERMIONE.

Je fais ce que tu veux. Je consens qu'il me voie;
Je lui veux bien encore accorder cette joie.
Pylade va bientôt conduire ici ses pas ;
Mais si je m'en croyois je ne le verrois pas.

CLÉONE.

Et qu'est-ce que sa vue a pour vous de funeste?
Madame, n'est-ce pas toujours le même Oreste
Dont vous avez cent fois souhaité le retour,
Et dont vous regrettiez la constance et l'amour ?

HERMIONE.

C'est cet amour payé de trop d'ingratitude
Qui me rend en ces lieux sa présence si rude.
Quelle honte pour moi, quel triomphe pour lui
De voir mon infortune égaler son ennui !
Est-ce là, dira-t-il, cette fière Hermione?
Elle me dédaignoit, un autre l'abandonne :
L'ingrate, qui mettoit son cœur à si haut prix,
Apprend donc à son tour à souffrir des mépris!...
Ah dieux!

CLÉONE.

Ah! dissipez ces indignes alarmes :
Il a trop bien senti le pouvoir de vos charmes.
Vous croyez qu'un amant vienne vous insulter?

I.   10

Il vous rapporte un cœur qu'il n'a pu vous ôter.
Mais vous ne dites point ce que vous mande un père.

HERMIONE.

Dans ses retardemens si Pyrrhus persévère,
A la mort du Troyen s'il ne veut consentir,
Mon père avec les Grecs m'ordonne de partir.

CLÉONE.

Eh bien, madame, eh bien, écoutez donc Oreste.
Pyrrhus a commencé; faites au moins le reste.
Pour bien faire il faudroit que vous le prévinssiez :
Ne m'avez-vous pas dit que vous le haïssiez ?

HERMIONE.

Si je le hais, Cléone! il y va de ma gloire
Après tant de bontés dont il perd la mémoire;
Lui qui me fut si cher, et qui m'a pu trahir!
Ah! je l'ai trop aimé pour ne le point haïr.

CLÉONE.

Fuyez-le donc, madame; et puisqu'on vous adore...

HERMIONE.

Ah! laisse à ma fureur le temps de croître encore;
Contre mon ennemi laisse-moi m'assurer :
Cléone, avec horreur je m'en veux séparer,
Il n'y travaillera que trop bien, l'infidèle!

CLÉONE.

Quoi! vous en attendez quelque injure nouvelle?
Aimer une captive, et l'aimer à vos yeux,
Tout cela n'a donc pu vous le rendre odieux?
Après ce qu'il a fait que sauroit-il donc faire?
Il vous auroit déplu s'il pouvoit vous déplaire.

HERMIONE.

Pourquoi veux-tu, cruelle, irriter mes ennuis?
Je crains de me connoître en l'état où je suis.
De tout ce que tu vois tâche de ne rien croire :
Crois que je n'aime plus; vante-moi ma victoire;

Crois que dans son dépit mon cœur est endurci ;
Hélas ! et, s'il se peut, fais-le-moi croire aussi !
Tu veux que le fuie. Eh bien ! rien ne m'arrête.
Allons, n'envions plus son indigne conquête :
Que sur lui sa captive étende son pouvoir.
Fuyons... Mais si l'ingrat rentroit dans son devoir ;
Si la foi dans son cœur retrouvoit quelque place ;
S'il venoit à mes pieds me demander sa grâce ;
Si sous mes lois, amour, tu pouvois l'engager ;
S'il vouloit.... Mais l'ingrat ne veut que m'outrager.
Demeurons toutefois pour troubler leur fortune,
Prenons quelque plaisir à leur être importune :
Ou, le forçant de rompre un nœud si solennel,
Aux yeux de tous les Grecs rendons-le criminel.
J'ai déjà sur le fils attiré leur colère :
Je veux qu'on vienne encor lui demander la mère.
Rendons-lui les tourmens qu'elle me fait souffrir ;
Qu'elle le perde, ou bien qu'il la fasse périr.

CLÉONE.

Vous pensez que des yeux toujours ouverts aux larmes
Se plaisent à troubler le pouvoir de vos charmes,
Et qu'un cœur accablé de tant de déplaisirs
De son persécuteur ait brigué les soupirs ?
Voyez si sa douleur en paroît soulagée :
Pourquoi donc les chagrins où son ame est plongée ?
Contre un amant qui plaît pourquoi tant de fierté ?

HERMIONE.

Hélas ! pour mon malheur je l'ai trop écouté.
Je n'ai point du silence affecté le mystère :
Je croyois sans péril pouvoir être sincère ;
Et, sans armer mes yeux d'un moment de rigueur,
Je n'ai pour lui parler consulté que mon cœur.
Et qui ne se seroit comme moi déclarée
Sur la foi d'une amour si saintement jurée ?
Me voyoit-il de l'œil qu'il me voit aujourd'hui ?

Tu t'en souviens encor, tout conspiroit pour lui :
Ma famille vengée et les Grecs dans la joie,
Nos vaisseaux tout chargés des dépouilles de Troie,
Les exploits de son père effacés par les siens,
Ses feux que je croyois plus ardens que les miens,
Mon cœur, toi-même enfin de sa gloire éblouïe ;
Avant qu'il me trahît vous m'avez tous trahie.
Mais c'en est trop, Cléone ; et quel que soit Pyrrhus,
Hermione est sensible, Oreste a des vertus :
Il sait aimer du moins, et même sans qu'on l'aime ;
Et peut-être il saura se faire aimer lui-même.
Allons. Qu'il vienne enfin.

CLÉONE.

Madame, le voici.

HERMIONE.

Ah ! je ne croyois pas qu'il fût si près d'ici.

SCÈNE II.

HERMIONE, ORESTE, CLÉONE.

HERMIONE.

Le croirai-je, seigneur, qu'un reste de tendresse
Vous fasse ici chercher une triste princesse ?
Ou ne dois-je imputer qu'à votre seul devoir
L'heureux empressement qui vous porte à me voir ?

ORESTE.

Tel est de mon amour l'aveuglement funeste,
Vous le savez, madame ; et le destin d'Oreste
Est de venir sans cesse adorer vos attraits,
Et de jurer toujours qu'il n'y viendra jamais.
Je sais que vos regards vont rouvrir mes blessures,
Que tous mes pas vers vous sont autant de parjures :
Je le sais, j'en rougis. Mais j'atteste les dieux,

Témoins de la fureur de mes derniers adieux,
Que j'ai couru partout où ma perte certaine
Dégageoit mes sermens et finissoit ma peine.
J'ai mendié la mort chez des peuples cruels
Qui n'apaisoient leurs dieux que du sang des mortels:
Ils m'ont fermé leur temple, et ces peuples barbares
De mon sang prodigué sont devenus avares.
Enfin je viens à vous, et je me vois réduit
A chercher dans vos yeux une mort qui me fuit.
Mon désespoir n'attend que leur indifférence:
Ils n'ont qu'à m'interdire un reste d'espérance ;
Ils n'ont, pour avancer cette mort où je cours,
Qu'à me dire une fois ce qu'ils m'ont dit toujours.
Voilà, depuis un an, le seul soin qui m'anime.
Madame, c'est à vous de prendre une victime
Que les Scythes auroient dérobée à vos coups
Si j'en avois trouvé d'aussi cruels que vous.

HERMIONE.

Quittez, seigneur, quittez ce funeste langage:
A des soins plus pressans la Grèce vous engage.
Que parlez-vous du Scythe et de mes cruautés ?
Songez à tous ces rois que vous représentez.
Faut-il que d'un transport leur vengeance dépende?
Est-ce le sang d'Oreste enfin qu'on vous demande ?
Dégagez-vous des soins dont vous êtes chargé.

ORESTE.

Les refus de Pyrrhus m'ont assez dégagé,
Madame : il me renvoie, et quelque autre puissance
Lui fait du fils d'Hector embrasser la défense.

HERMIONE.

L'infidèle !

ORESTE.

Ainsi donc, tout prêt à le quitter,
Sur mon propre destin je viens vous consulter.

Déjà même je crois entendre la réponse
Qu'en secret contre moi votre haine prononce.

HERMIONE.

Eh quoi! toujours injuste en vos tristes discours,
De mon inimitié vous plaindrez-vous toujours ?
Quelle est cette rigueur tant de fois alléguée ?
J'ai passé dans l'Epire où j'étois reléguée :
Mon père l'ordonnoit : mais qui sait si depuis
Je n'ai point en secret partagé vos ennuis ?
Pensez-vous avoir seul éprouvé des alarmes ;
Que l'Epire jamais n'ait vu couler mes larmes ?
Enfin qui vous a dit que, malgré mon devoir,
Je n'ai pas quelquefois souhaité de vous voir ?

ORESTE.

Souhaité de me voir ! Ah ! divine princesse...
Mais, de grâce, est-ce à moi que ce discours s'adresse ?
Ouvrez vos yeux, songez qu'Oreste est devant vous,
Oreste si long-temps l'objet de leur courroux.

HERMIONE.

Oui, c'est vous dont l'amour, naissant avec leurs charmes,
Leur apprit le premier le pouvoir de leurs armes ;
Vous que mille vertus me forçoient d'estimer ;
Vous que j'ai plaint, enfin que je voudrois aimer.

ORESTE.

Je vous entends. Tel est mon partage funeste :
Le cœur est pour Pyrrhus, et les vœux pour Oreste.

HERMIONE.

Ah ! ne souhaitez pas le destin de Pyrrhus,
Je vous haïrois trop.

ORESTE.

                    Vous m'en aimeriez plus.
Ah ! que vous me verriez d'un regard bien contraire !
Vous me voulez aimer, et je ne puis vous plaire ;
Et, l'amour seul alors se faisant obéir,

Vous m'aimeriez, madame, en me voulant haïr.
Oh! dieux, tant de respects, une amitié si tendre,
Que de raisons pour moi si vous pouviez m'entendre!
Vous seule pour Pyrrhus disputez aujourd'hui,
Peut-être malgré vous, sans doute malgré lui :
Car enfin il vous hait ; son ame ailleurs éprise
N'a plus....

HERMIONE.

Qui vous l'a dit, seigneur, qu'il me méprise ?
Ses regards, ses discours vous l'ont-ils donc appris ?
Jugez-vous que ma vue inspire des mépris ;
Qu'elle allume en un cœur des feux si peu durables?
Peut-être d'autres yeux me sont plus favorables.

ORESTE.

Poursuivez : il est beau de m'insulter ainsi.
Cruelle! c'est donc moi qui vous méprise ici?
Vos yeux n'ont pas assez éprouvé ma constance?
Je suis donc un témoin de leur peu de puissance ?
Je les ai méprisés. Ah! qu'ils voudroient bien voir
Mon rival comme moi mépriser leur pouvoir !

HERMIONE.

Que m'importe, seigneur, sa haine ou sa tendresse?
Allez contre un rebelle armer toute la Grèce ;
Rapportez-lui le prix de sa rebellion ;
Qu'on fasse de l'Epire un second Ilion :
Allez. Après cela direz-vous que je l'aime?

ORESTE.

Madame, faites plus, et venez-y vous-même.
Voulez-vous demeurer pour otage en ces lieux?
Venez dans tous les cœurs faire parler vos yeux.
Faisons de notre haine une commune attaque.

HERMIONE.

Mais, seigneur, cependant s'il épouse Andromaque

ORESTE.

Hé madame !

HERMIONE.

      Songez quelle honte pour nous
Si d'une Phrygienne il devenoit l'époux !

ORESTE.

Et vous le haïssez ! Avouez-le, madame,
L'amour n'est pas un feu qu'on renferme en une ame :
Tout nous trahit, la voix, le silence, les yeux ;
Et les feux mal couverts n'en éclatent que mieux.

HERMIONE.

Seigneur, je le vois bien, votre ame prévenue
Répand sur mes discours le venin qui la tue,
Toujours dans mes raisons cherche quelque détour,
Et croit qu'en moi la haine est un effort d'amour.
Il faut donc m'expliquer : vous agirez ensuite.
Vous savez qu'en ces lieux mon devoir m'a conduite :
Mon devoir m'y retient, et je n'en puis partir
Que mon père ou Pyrrhus ne m'en fasse sortir,
De la part de mon père allez lui faire entendre
Que l'ennemi des Grecs ne peut être son gendre :
Du Troyen ou de moi faites-le décider ;
Qu'il songe qui des deux il veut rendre ou garder :
Enfin qu'il me renvoie ou bien qu'il vous le livre.
Adieu. S'il y consent je suis prête à vous suivre.

SCÈNE III.

ORESTE.

Oui, oui, vous me suivrez, n'en doutez nullement ;
Je vous réponds déjà de son consentement.
Je ne crains pas enfin que Pyrrhus la retienne :
Il n'a devant les yeux que sa chère Troyenne ;
Tout autre objet le blesse, et peut-être aujourd'hui
Il n'attend qu'un prétexte à l'éloigner de lui.
Nous n'avons qu'à parler : c'en est fait. Quelle joie

D'enlever à l'Epire une si belle proie !
Sauve tout ce qui reste et de Troie et d'Hector ;
Garde son fils, sa veuve et mille autres encor,
Epire ; c'est assez qu'Hermione rendue
Perde à jamais tes bords et ton prince de vue.
Mais un heureux destin le conduit en ces lieux.
Parlons. A tant d'attraits, amour, ferme ses yeux.

SCÈNE IV.

PYRRHUS, ORESTE, PHOENIX.

PYRRHUS.

Je vous cherchois, seigneur. Un peu de violence
M'a fait de vos raisons combattre la puissance,
Je l'avoue ; et depuis que je vous ai quitté
J'en ai senti la force et connu l'équité.
J'ai songé comme vous qu'à la Grèce, à mon père,
A moi-même, en un mot, je devenois contraire ;
Que je relevois Troie, et rendois imparfait
Tout ce qu'a fait Achille et tout ce que j'ai fait.
Je ne condamne plus un courroux légitime ;
Et l'on vous va, seigneur, livrer votre victime.

ORESTE.

Seigneur, par ce conseil prudent et rigoureux
C'est acheter la paix du sang des malheureux.

PYRRHUS.

Oui ; mais je veux, seigneur, l'assurer davantage :
D'une éternelle paix Hermione est le gage ;
Je l'épouse. Il sembloit qu'un spectacle si doux
N'attendît en ces lieux qu'un témoin tel que vous :
Vous y représentez tous les Grecs et son père,
Puisqu'en vous Ménélas voit revivre son frère.
Voyez-la donc : allez. Dites-lui que demain
J'attends avec la paix son cœur de votre main.

ORESTE à part.

Ah dieux!

SCÈNE V.

PYRRHUS, PHOENIX.

PYRRHUS.

Eh bien, Phœnix, l'amour est-il le maître?
Tes yeux refusent-ils enfin de me connoître?

PHOENIX.

Ah! je vous reconnois; et ce juste courroux,
Ainsi qu'à tous les Grecs, seigneur, vous rend à vous.
Ce n'est plus le jouet d'une flamme servile :
C'est Pyrrhus, c'est le fils et le rival d'Achille,
Que la gloire à la fin ramène sous ses lois,
Qui triomphe de Troie une seconde fois.

PYRRHUS.

Dis plutôt qu'aujourd'hui commence ma victoire:
D'aujourd'hui seulement je jouis de ma gloire,
Et mon cœur, aussi fier que tu l'as vu soumis,
Croit avoir en l'amour vaincu mille ennemis.
Considère, Phœnix, les troubles que j'évite,
Quelle foule de maux l'amour traîne à sa suite;
Que d'amis, de devoirs j'allois sacrifier;
Quels périls... un regard m'eût tout fait oublier:
Tous les Grecs conjurés fondoient sur un rebelle.
Je trouvois du plaisir à me perdre pour elle.

PHOENIX.

Oui, je bénis, seigneur, l'heureuse cruauté
Qui vous rend...

PYRRHUS.

Tu l'as vu comme elle m'a traité.
Je pensois, en voyant sa tendresse alarmée,

Que son fils me la dût renvoyer désarmée :
J'allois voir le succès de ses embrassemens,
Je n'ai trouvé que pleurs mêlés d'emportemens.
Sa misère l'aigrit ; et, toujours plus farouche,
Cent fois le nom d'Hector est sorti de sa bouche.
Vainement à son fils j'assurois mon secours,
« C'est Hector, disoit-elle en l'embrassant toujours ;
« Voilà ses yeux, sa bouche, et déjà son audace !
« C'est lui-même : c'est toi, cher époux, que j'embrasse.
Et quelle est sa pensée ? attend-elle en ce jour
Que je lui laisse un fils pour nourrir son amour ?

PHOENIX.

Sans doute ; c'est le prix que vous gardoit l'ingrate.
Mais laissez-la, seigneur.

PYRRHUS.

Je vois ce qui la flatte.
Sa beauté la rassure ; et, malgré mon courroux,
L'orgueilleuse m'attend encore à ses genoux.
Je la verrois aux miens, Phœnix, d'un œil tranquille.
Elle est veuve d'Hector, et je suis fils d'Achille :
Trop de haine sépare Andromaque et Pyrrhus.

PHOENIX.

Commencez donc, seigneur, à ne m'en parler plus.
Allez voir Hermione ; et, content de lui plaire,
Oubliez à ses pieds jusqu'à votre colère.
Vous-même à cet hymen venez la disposer :
Est-ce sur un rival qu'il s'en faut reposer ?
Il ne l'aime que trop.

PYRRHUS.

Crois-tu, si je l'épouse,
Qu'Andromaque en son cœur n'en sera pas jalouse ?

PHOENIX.

Quoi ! toujours Andromaque occupe votre esprit !
Que vous importe, oh ! dieux, sa joie ou son dépit ?

Quel charme malgré vous vers elle vous attire ?
PYRRHUS.

Non, je n'ai pas bien dit tout ce qu'il lui faut dire :
Ma colère à ses yeux n'a paru qu'à demi ;
Elle ignore à quel point je suis son ennemi.
Retournons-y : je veux la braver à sa vue,
Et donner à ma haine une libre étendue.
Viens voir tous ses attraits, Phœnix, humiliés.
Allons.
PHŒNIX.

      Allez, seigneur, vous jeter à ses pieds :
Allez, en lui jurant que votre ame l'adore,
A de nouveaux mépris l'encourager encore.
PYRRHUS.

Je le vois bien, tu crois que prêt à l'excuser
Mon cœur court après elle et cherche à s'apaiser.
PHŒNIX.

Vous aimez : c'est assez.
PYRRHUS.

      Moi, l'aimer ! une ingrate
Qui me hait d'autant plus que mon amour la flatte !
Sans parens, sans amis, sans espoir que sur moi.
Je puis perdre son fils, peut-être je le doi ;
Etrangère... que dis-je ! esclave dans l'Epire,
Je lui donne son fils, mon ame, mon empire :
Et je ne puis gagner dans son perfide cœur
D'autre rang que celui de son persécuteur !
Non, non, je l'ai juré, ma vengeance est certaine ;
Il faut bien une fois justifier sa haine :
J'abandonne son fils... Que de pleurs vont couler !
De quel nom sa douleur me va-t-elle appeler !
Quel spectacle pour elle aujourd'hui se dispose !
Elle en mourra, Phœnix, et j'en serai la cause :
C'est lui mettre moi-même un poignard dans le sein.

PHOENIX.

Et pourquoi donc en faire éclater le dessein?
Que ne consultiez-vous tantôt votre foiblesse?

PYRRHUS.

Je t'entends; mais excuse un reste de tendresse.
Crains-tu pour ma colère un si foible combat?
D'un amour qui s'éteint c'est le dernier éclat.
Allons. A tes conseils, Phœnix, je m'abandonne,
Faut-il livrer son fils? faut-il voir Hermione?

PHOENIX.

Oui, voyez-la, seigneur; et par des vœux soumis
Protestez-lui...

PYRRHUS.

Faisons tout ce que j'ai promis.

ACTE TROISIÈME.

SCÈNE I.

ORESTE, PYLADE.

PYLADE.

Modérez donc, seigneur, cette fureur extrême :
Je ne vous connois plus; vous n'êtes plus vous-même.
Souffrez....

ORESTE.

Non, tes conseils ne sont plus de saison,
Pylade; je suis las d'écouter la raison.
C'est traîner trop long-temps ma vie et mon supplice :
Il faut que je l'enlève ou bien que je périsse.
Le dessein en est pris; je le veux achever :
Oui, je le veux.

PYLADE.

Eh bien, il la faut enlever ;
J'y consens. Mais songez cependant où vous êtes:
Que croira-t-on de vous à voir ce que vous faites ?
Dissimulez : calmez ce transport inquiet ;
Commandez à vos yeux de garder le secret.
Ces gardes, cette cour, l'air qui vous environne,
Tout dépend de Pyrrhus et surtout Hermione.
A ses regards surtout cachez votre courroux.
Oh ! dieux, en cet état pourquoi la cherchiez-vous ?

ORESTE.

Que sais-je ? De moi-même étois-je alors le maître ?
La fureur m'emportoit, et je venois peut-être

Menacer à la fois l'ingrate et son amant.

PYLADE.

Et quel étoit le fruit de cet emportement?

ORESTE.

Et quelle ame, dis-moi, ne seroit éperdue
Du coup dont ma raison vient d'être confondue?
Il épouse, dit-il, Hermione demain;
Il veut pour m'honorer la tenir de ma main.
Ah! plutôt cette main dans le sang du barbare....

PYLADE.

Vous l'accusez, seigneur, de ce destin bizarre:
Cependant, tourmenté de ses propres desseins,
Il est peut-être à plaindre autant que je vous plains.

ORESTE.

Non, non; je le connois, mon désespoir le flatte;
Sans moi, sans mon amour il dédaignoit l'ingrate;
Ses charmes jusque là n'avoient pu le toucher:
Le cruel ne la prend que pour me l'arracher.
Ah! dieux, c'en étoit fait: Hermione gagnée
Pour jamais de sa vue alloit être éloignée;
Son cœur, entre l'amour et le dépit confus,
Pour se donner à moi n'attendoit qu'un refus:
Ses yeux s'ouvroient, Pylade; elle écoutoit Oreste,
Lui parloit, le plaignoit. Un mot eût fait le reste.

PYLADE.

Vous le croyez?

ORESTE.

          Eh quoi! ce courroux enflammé
Contre un ingrat...

PYLADE.

          Jamais il ne fut plus aimé.
Pensez-vous, quand Pyrrhus vous l'auroit accordée,
Qu'un prétexte tout prêt ne l'eût pas retardée?
M'en croirez-vous? Lassé de ses trompeurs attraits,

Au lieu de l'enlever, fuyez-la pour jamais.
Quoi ! votre amour se veut charger d'une furie
Qui vous détestera; qui, toute votre vie
Regrettant un hymén tout prêt à s'achever,
Voudra....

ORESTE.

C'est pour cela que je veux l'enlever.
Tout lui riroit, Pylade : et moi, pour mon partage,
Je n'emporterois donc qu'une inutile rage !
J'irois loin d'elle encor tâcher de l'oublier !
Non, non : à mes tourmens je veux l'associer ;
C'est trop gémir tout seul. Je suis las qu'on me plaigne :
Je prétends qu'à mon tour l'inhumaine me craigne,
Et que ses yeux cruels, à pleurer condamnés,
Me rendent tous les noms que je leur ai donnés.

PYLADE.

Voilà donc le succés qu'aura votre ambassade !
Oreste ravisseur !

ORESTE.

Et qu'importe, Pylade !
Quand nos états vengés jouiront de mes soins,
L'ingrate de mes pleurs jouira-t-elle moins?
Et que me servira que la Grèce m'admire
Tandis que je serai la fable de l'Epire ?
Que veux-tu ? Mais, s'il faut ne te rien déguiser,
Mon innocence enfin commence à me peser.
Je ne sais de tout temps quelle injuste puissance
Laisse le crime en paix et poursuit l'innocence.
De quelque part sur moi que je tourne les yeux
Je ne vois que malheurs qui condamnent les dieux :
Méritons leur courroux, justifions leur haine,
Et que le fruit du crime en précéde la peine.
Mais toi, par quelle erreur veux-tu toujours sur toi
Détourner un courroux qui ne cherche que moi ?
Assez et trop long-témps mon amitié t'accable:

15

Evite un malheureux, abandonne un coupable.
Cher Pylade, crois-moi, ta pitié te séduit :
Laisse-moi des périls dont j'attends tout le fruit.
Porte aux Grecs cet enfant que Pyrrhus m'abandonne.
Va-t'en.

PYLADE.

Allons, seigneur, enlevons Hermione :
Au travers des périls un grand cœur se fait jour.
Que ne peut l'amitié conduite par l'amour?
Allons de tous vos Grecs encourager le zéle :
Nos vaisseaux sont tout prêts, et le vent nous appelle.
Je sais de ce palais tous les détours obscurs :
Vous voyez que la mer en vient battre les murs ;
Et cette nuit sans peine une secrète voie
Jusqu'en votre vaisseau conduira votre proie.

ORESTE.

J'abuse, cher ami, de ton trop d'amitié :
Mais pardonne à des maux dont toi seul as pitié.
Excuse un malheureux qui perd tout ce qu'il aime,
Que tout le monde hait, et qui se hait lui-même.
Que ne puis-je à mon tour dans un sort plus heureux...

PYLADE.

Dissimulez, seigneur ; c'est tout ce que je veux.
Gardez qu'avant le coup votre dessein n'éclate :
Oubliez jusque là qu'Hermione est ingrate ;
Oubliez votre amour. Elle vient, je la voi.

ORESTE.

Va-t'en. Réponds-moi d'elle, et je réponds de moi.

SCÈNE II.

HERMIONE, ORESTE, CLÉONE.

ORESTE.

Eh bien, mes soins vous ont rendu votre conquête :

J'ai vu Pyrrhus, madame; et votre hymen s'apprête.

HERMIONE.

On le dit; et de plus on vient de m'assurer
Que vous ne me cherchiez que pour m'y préparer.

ORESTE.

Et votre ame à ses vœux ne sera pas rebelle?

HERMIONE.

Qui l'eût cru que Pyrrhus ne fût pas infidèle?
Que sa flamme attendroit si tard pour éclater?
Qu'il reviendroit à moi quand je l'allois quitter?
Je veux croire avec vous qu'il redoute la Grèce;
Qu'il suit son intérêt plutôt que sa tendresse;
Que mes yeux sur votre ame étoient plus absolus.

ORESTE.

Non, madame; il vous aime, et je n'en doute plus.
Vos yeux ne font-ils pas tout ce qu'ils veulent faire,
Et vous ne vouliez pas sans doute lui déplaire.

HERMIONE.

Mais que puis-je, seigneur? on a promis ma foi:
Lui ravirai-je un bien qu'il ne tient pas de moi?
L'amour ne règle pas le sort d'une princesse:
La gloire d'obéir est tout ce qu'on nous laisse.
Cependant je partois; et vous avez pu voir
Combien je relâchois pour vous de mon devoir.

ORESTE.

Ah! que vous saviez bien, cruelle... Mais, madame,
Chacun peut à son choix disposer de son ame.
La vôtre étoit à vous; j'espérois: mais enfin
Vous l'avez pu donner sans me faire un larcin.
Je vous accuse aussi bien moins que la fortune.
Et pourquoi vous lasser d'une plainte importune?
Tel est votre devoir, je l'avoue: et le mien
Est de vous épargner un si triste entretien.

SCÈNE III.

HERMIONE, CLÉONE.

HERMIONE.

Attendois-tu, Cléone, un courroux si modeste ?

CLÉONE.

La douleur qui se tait n'en est que plus funeste.
Je le plains, d'autant plus qu'auteur de son ennui
Le coup qui l'a perdu n'est parti que de lui.
Comptez depuis quel temps votre hymen se prépare :
Il a parlé, madame, et Pyrrhus se déclare.

HERMIONE.

Tu crois que Pyrrhus craint ? Et que craint-il encor ?
Des peuples qui dix ans ont fui devant Hector ;
Qui cent fois, effrayés de l'absence d'Achille,
Dans leurs vaisseaux brûlans ont cherché leur asile,
Et qu'on verroit encor, sans l'appui de son fils,
Redemander Hélène aux Troyens impunis ?
Non, Cléone, il n'est point ennemi de lui-même :
Il veut tout ce qu'il fait ; et s'il m'épouse il m'aime.
Mais qu'Oreste à son gré m'impute ses douleurs ;
N'avons-nous d'entretien que celui de ses pleurs ?
Pyrrhus revient à nous. Eh bien, chère Cléone,
Conçois-tu les transports de l'heureuse Hermione ?
Sais-tu quel est Pyrrhus ? T'es-tu fait raconter
Le nombre des exploits... Mais qui les peut compter ?
Intrépide et partout suivi de la victoire,
Charmant, fidèle ; enfin rien ne manque à sa gloire.
Songe...

CLÉONE.

Dissimulez : votre rivale en pleurs
Vient à vos pieds sans doute apporter ses douleurs.

HERMIONE.

Dieux! ne puis-je à ma joie abandonner mon ame!
Sortons. Que lui dirois-je?

SCÈNE IV.

ANDROMAQUE, HERMIONE, CLÉONE, CÉPHISE.

ANDROMAQUE.

Où fuyez-vous, madame?
N'est-ce point à vos yeux un spectacle assez doux
Que la veuve d'Hector pleurant à vos genoux?
Je ne viens point ici par de jalouses larmes
Vous envier un cœur qui se rend à vos charmes.
Par une main cruelle, hélas! j'ai vu percer
Le seul où mes regards prétendoient s'adresser:
Ma flamme par Hector fut jadis allumée;
Avec lui dans la tombe elle s'est enfermée.
Mais il me reste un fils. Vous saurez quelque jour,
Madame, pour un fils jusqu'où va notre amour:
Mais vous ne saurez pas, du moins je le souhaite,
En quel trouble mortel son intérêt nous jette
Lorsque de tant de biens qui pouvoient nous flatter
C'est le seul qui nous reste, et qu'on veut nous l'ôter.
Hélas! lorsque, lassés de dix ans de misère,
Les Troyens en courroux menaçoient votre mère,
J'ai su de mon Hector lui procurer l'appui:
Vous pouvez sur Pyrrhus ce que j'ai pu sur lui.
Que craint-on d'un enfant qui survit à sa perte?
Laissez-moi le cacher dans quelque île déserte:
Sur les soins de sa mère on peut s'en assurer;
Et mon fils avec moi n'apprendra qu'à pleurer.

HERMIONE.

Je conçois vos douleurs: mais un devoir austère,

Quand mon père a parlé, m'ordonne de me taire.
C'est lui qui de Pyrrhus fait agir le courroux.
S'il faut fléchir Pyrrhus, qui le peut mieux que vous?
Vos yeux assez long-temps ont régné sur son ame.
Faites-le prononcer ; j'y souscrirai, madame.

SCÈNE V.

ANDROMAQUE, CÉPHISE.

ANDROMAQUE.

Quel mépris la cruelle attache à ses refus !
CÉPHISE.
Je croirois ses conseils, et je verrois Pyrrhus.
Un regard confondroit Hermione et la Grèce...
Mais lui-même il vous cherche.

SCÈNE VI.

PYRRHUS, ANDROMAQUE, PHOENIX, CÉPHISE.

PYRRHUS à Phœnix.

    Où donc est la princesse?
Ne m'avois-tu pas dit qu'elle étoit en ces lieux?
PHOENIX.
Je le croyois.
ANDROMAQUE à Céphise.
    Tu vois le pouvoir de mes yeux.
PYRRHUS.
Que dit-elle, Phœnix ?
ANDROMAQUE.
    Hélas ! tout m'abandonne!
PHOENIX.
Allons, seigneur, marchons sur les pas d'Hermione,

CÉPHISE.

Qu'attendez-vous ? rompez ce silence obstiné.

ANDROMAQUE.

Il a promis mon fils.

CÉPHISE.

Il ne l'a pas donné.

ANDROMAQUE.

Non, non, j'ai beau pleurer, sa mort est résolue.

PYRRHUS.

Daigne-t-elle sur nous tourner au moins la vue !
Quel orgueil !

ANDROMAQUE.

Je ne fais que l'irriter encore:
Sortons.

PYRRHUS.

Allons aux Grecs livrer le fils d'Hector.

ANDROMAQUE se jetant aux pieds de Pyrrhus.

Ah ! seigneur, arrêtez ! que prétendez-vous faire ?
Si vous livrez le fils, livrez-leur donc la mère !
Vos sermens m'ont tantôt juré tant d'amitié !
Dieux ! ne pourrois-je au moins toucher votre pitié ?
Sans espoir de pardon m'avez-vous condamnée ?

PYRRHUS.

Phœnix vous le dira, ma parole est donnée.

ANDROMAQUE.

Vous qui braviez pour moi tant de périls divers !

PYRRHUS.

J'étois aveugle alors ; mes yeux se sont ouverts.
Sa grâce à vos désirs pouvoit être accordée ;
Mais vous ne l'avez pas seulement demandée.
C'en est fait.

ANDROMAQUE.

Ah ! seigneur, vous entendiez assez
Des soupirs qui craignoient de se voir repoussés.
Pardonnez à l'éclat d'une illustre fortune

Ce reste de fierté qui craint d'être importune.
Vous ne l'ignorez pas; Andromaque sans vous
N'auroit jamais d'un maître embrassé les genoux.

PYRRHUS.

Non, vous me haïssez; et dans le fond de l'ame
Vous craignez de devoir quelque chose à ma flamme.
Ce fils même, ce fils l'objet de tant de soins,
Si je l'avois sauvé vous l'en aimeriez moins.
La haine, le mépris, contre moi tout s'assemble;
Vous me haïssez plus que tous les Grecs ensemble.
Jouissez à loisir d'un si noble courroux.
Allons, Phœnix.

ANDROMAQUE.

Allons rejoindre mon époux.

CÉPHISE.

Madame...

ANDROMAQUE à Céphise.

Et que veux-tu que je lui dise encore?
Auteur de tous mes maux, crois-tu qu'il les ignore?

(A Pyrrhus.)

Seigneur, voyez l'état où vous me réduisez :
J'ai vu mon père mort et nos murs embrasés;
J'ai vu trancher les jours de ma famille entière,
Et mon époux sanglant traîné sur la poussière,
Son fils, seul avec moi, réservé pour les fers ;
Mais que ne peut un fils! je respire, je sers.
J'ai fait plus ; je me suis quelquefois consolée
Qu'ici plutôt qu'ailleurs le sort m'eût exilée;
Qu'heureux dans son malheur le fils de tant de rois,
Puisqu'il devoit servir, fût tombé sous vos lois :
J'ai cru que sa prison deviendroit son asile.
Jadis Priam soumis fut respecté d'Achille :
J'attendois de son fils encor plus de bonté.
Pardonne, cher Hect..r! à ma crédulité;
Je n'ai pu soupçonner ton ennemi d'un crime;

Malgré lui-même enfin je l'ai cru magnanime.
Ah! s'il l'étoit assez pour nous laisser du moins
Au tombeau qu'à ta cendre ont élevé mes soins;
Et que, finissant là sa haine et nos misères,
Il ne séparât point des dépouilles si chères!

PYRRHUS.

Va m'attendre, Phœnix.

SCÈNE VII.

PYRRHUS, ANDROMAQUE, CÉPHISE.

PYRRHUS.

Madame, demeurez.
On peut vous rendre encor ce fils que vous pleurez.
Oui, je sens à regret qu'en excitant vos larmes
Je ne fais contre moi que vous donner des armes:
Je croyois apporter plus de haine en ces lieux.
Mais, madame, du moins tournez vers moi les yeux;
Voyez si mes regards sont d'un juge sévère,
S'ils sont d'un ennemi qui cherche à vous déplaire.
Pourquoi me forcez-vous vous-même à vous trahir?
Au nom de votre fils, cessons de nous haïr.
A le sauver enfin c'est moi qui vous convie.
Faut-il que mes soupirs vous demandent sa vie?
Faut-il qu'en sa faveur j'embrasse vos genoux?
Pour la dernière fois sauvez-le, sauvez-vous.
Je sais de quels sermens je romps pour vous les chaînes,
Combien je vais sur moi faire éclater de haines.
Je renvoie Hermione, et je mets sur son front
Au lieu de ma couronne un éternel affront:
Je vous conduis au temple où son hymen s'apprête;
Je vous ceins du bandeau préparé pour sa tête.
Mais ce n'est plus, madame, une offre à dédaigner:
Je vous le dis, il faut ou périr ou régner.
Mon cœur, désespéré d'un an d'ingratitude,

Ne peut plus de son sort souffrir l'incertitude :
C'est craindre, menacer et gémir trop long-temps.
Je meurs si je vous perds, mais je meurs si j'attends.
Songez-y ; je vous laisse, et je viendrai vous prendre
Pour vous mener au temple où ce fils doit m'attendre ;
Et là vous me verrez, soumis ou furieux,
Vous couronner, madame, ou le perdre à vos yeux.

SCÈNE VIII.

ANDROMAQUE, CÉPHISE.

CÉPHISE.

Je vous l'avois prédit qu'en dépit de la Grèce
De votre sort encor vous seriez la maîtresse.

ANDROMAQUE.

Hélas ! de quel effet tes discours sont suivis !
Il ne me restoit plus qu'à condamner mon fils.

CÉPHISE.

Madame, à votre époux c'est être assez fidèle :
Trop de vertu pourroit vous rendre criminelle,
Lui-même il porteroit votre ame à la douceur.

ANDROMAQUE.

Quoi ! je lui donnerois Pyrrhus pour successeur ?

CÉPHISE.

Ainsi le veut son fils, que les Grecs vous ravissent.
Pensez-vous qu'après tout ses mânes en rougissent ;
Qu'il méprisât, madame, un roi victorieux
Qui vous fait remonter au rang de vos aïeux,
Qui foule aux pieds pour vous vos vainqueurs en colère,
Qui ne se souvient plus qu'Achille étoit son père,
Qui dément ses exploits et les rend superflus ?

ANDROMAQUE.

Dois-je les oublier s'il ne s'en souvient plus ?
Dois-je oublier Hector, privé de funérailles,

Et traîné sans honneur autour de nos murailles?
Dois-je oublier son père à mes pieds renversé,
Ensanglantant l'autel qu'il tenoit embrassé?
Songe, songe, Céphise, à cette nuit cruelle
Qui fut pour tout un peuple une nuit éternelle;
Figure-toi Pyrrhus, les yeux étincelans,
Entrant à la lueur de nos palais brûlans,
Sur tous mes frères morts se faisant un passage,
Et, de sang tout couvert, échauffant le carnage.
Songe aux cris des vainqueurs, songe aux cris des mourans,
Dans la flamme étouffés, sous le fer expirans;
Peins-toi dans ces horreurs Andromaque éperdue:
Voilà comme Pyrrhus vint s'offrir à ma vue;
Voilà par quels exploits il sut se couronner;
Enfin voilà l'époux que tu me veux donner.
Non, je ne serai point complice de ses crimes:
Qu'il nous prenne s'il veut pour dernières victimes.
Tous mes ressentimens lui seroient asservis!

CÉPHISE.

Eh bien, allons donc voir expirer votre fils:
On n'attend plus que vous... Vous frémissez, madame!

ANDROMAQUE.

Ah! de quel souvenir viens-tu frapper mon âme!
Quoi! Céphise, j'irai voir expirer encor
Ce fils, ma seule joie et l'image d'Hector?
Ce fils que de sa flamme il me laissa pour gage?
Hélas! je m'en souviens, le jour que son courage
Lui fit chercher Achille ou plutôt le trépas,
Il demanda son fils, et le prit dans ses bras:
« Chère épouse, dit-il en essuyant mes larmes,
« J'ignore quel succès le sort garde à mes armes;
« Je te laisse mon fils pour gage de ma foi:
« S'il me perd je prétends qu'il me retrouve en toi.
« Si d'un heureux hymen la mémoire t'est chère
« Montre au fils à quel point tu chérissois le père. »

Et je puis voir répandre un sang si précieux?
Et je laisse avec lui périr tous ses aïeux!
Roi barbare, faut-il que mon crime l'entraîne?
Si je te hais est-il coupable de ma haine?
T'a-t-il de tous les siens reproché le trépas?
S'est-il plaint à tes yeux des maux qu'il ne sent pas?
Mais cependant, mon fils, tu meurs si je n'arrête
Le fer que le cruel tient levé sur ta tête.
Je l'en puis détourner, et je t'y vais offrir?...
Non, tu ne mourras point, je ne le puis souffrir.
Allons trouver Pyrrhus. Mais non, chère Céphise,
Va le trouver pour moi.

CÉPHISE.

Que faut-il que je dise?

ANDROMAQUE.

Dis-lui que de mon fils l'amour est assez fort...
Crois-tu que dans son cœur il ait juré sa mort?
L'amour peut-il si loin pousser sa barbarie?

CÉPHISE.

Madame, il va bientôt revenir en furie.

ANDROMAQUE.

Eh bien, va l'assurer...

CÉPHISE.

De quoi? de votre foi?

ANDROMAQUE.

Hélas! pour la promettre est-elle encore à moi?
O cendres d'un époux! ô Troyens! ô mon père!
O mon fils, que tes jours coûtent cher à ta mère!
Allons.

CÉPHISE.

Où donc, madame? et que résolvez-vous?

ANDROMAQUE.

Allons sur son tombeau consulter mon époux.

ACTE QUATRIÈME.

SCÈNE I.

ANDROMAQUE, CÉPHISE.

CÉPHISE.

Ah ! je n'en doute point ; c'est votre époux, madame,
C'est Hector qui produit ce miracle en votre ame :
Il veut que Troie encor se puisse relever
Avec cet heureux fils qu'il vous fait conserver.
Pyrrhus vous l'a promis. Vous venez de l'entendre,
Madame, il n'attendoit qu'un mot pour vous le rendre.
Croyez-en ses transports : père, sceptre, alliés,
Content de votre cœur, il met tout à vos pieds ;
Sur lui, sur tout son peuple il vous rend souveraine.
Est-ce là ce vainqueur digne de tant de haine ?
Déjà contre les Grecs plein d'un noble courroux,
Le soin de votre fils le touche autant que vous :
Il prévient leur fureur ; il lui laisse sa garde.
Pour ne pas l'exposer lui-même il se hasarde.
Mais tout s'apprête au temple ; et vous avez promis...

ANDROMAQUE.

Oui, je m'y trouverai. Mais allons voir mon fils.

CÉPHISE.

Madame, qui vous presse ? Il suffit que sa vue
Désormais à vos yeux ne soit plus défendue ;
Vous lui pourrez bientôt prodiguer vos bontés,
Et vos embrassemens ne seront plus comptés.
Quel plaisir d'élever un enfant qu'on voit croître
Non plus comme un esclave élevé pour son maître,
Mais pour voir avec lui renaître tant de rois !

ANDROMAQUE.

Céphise, allons le voir pour la dernière fois.

CÉPHISE.

Que dites-vous? Oh dieux!

ANDROMAQUE.

　　　　　　　O ma chère Céphise,
Ce n'est point avec toi que mon cœur se déguise.
Ta foi dans mon malheur s'est montrée à mes yeux;
Mais j'ai cru qu'à mon tour tu me connoissois mieux.
Quoi donc! as-tu pensé qu'Andromaque infidèle
Pût trahir un époux qui croit revivre en elle;
Et que, de tant de morts réveillant la douleur,
Le soin de mon repos me fît troubler le leur?
Est-ce là cette ardeur tant promise à sa cendre?
Mais son fils périssoit, il l'a fallu défendre.
Pyrrhus en m'épousant s'en déclare l'appui;
Il suffit: je veux bien m'en reposer sur lui.
Je sais quel est Pyrrhus: violent mais sincère,
Céphise, il fera plus qu'il n'a promis de faire.
Sur le courroux des Grecs je m'en repose encor;
Leur haine va donner un père au fils d'Hector.
Je vais donc, puisqu'il faut que je me sacrifie,
Assurer à Pyrrhus le reste de ma vie;
Je vais, en recevant sa foi sur les autels,
L'engager à mon fils par des nœuds immortels.
Mais aussitôt ma main, à moi seule funeste,
D'une infidèle vie abrégera le reste:
Et, sauvant ma vertu, rendra ce que je doi
A Pyrrhus, à mon fils, à mon époux, à moi.
Voilà de mon amour l'innocent stratagème;
Voilà ce qu'un époux m'a commandé lui-même.
J'irai seule rejoindre Hector et mes aïeux.
Céphise, c'est à toi de me fermer les yeux.

CÉPHISE.

Ah! ne prétendez pas que je puisse survivre...

ANDROMAQUE.

Non, non, je te défends, Céphise, de me suivre;

Je confie à tes soins mon unique trésor :
Si tu vivois pour moi, vis pour le fils d'Hector.
De l'espoir des Troyens seule dépositaire,
Songe à combien de rois tu deviens nécessaire.
Veille auprès de Pyrrhus ; fais-lui garder sa foi :
S'il le faut, je consens qu'on lui parle de moi.
Fais-lui valoir l'hymen où je me suis rangée :
Dis-lui qu'avant ma mort je lui fus engagée ;
Que ses ressentimens doivent être effacés ;
Qu'en lui laissant mon fils c'est l'estimer assez.
Fais connoître à mon fils les héros de sa race ;
Autant que tu pourras, conduis-le sur leur trace :
Dis-lui par quels exploits leurs noms ont éclaté,
Plutôt ce qu'ils ont fait que ce qu'ils ont été :
Parle-lui tous les jours des vertus de son père,
Et quelquefois aussi parle-lui de sa mère.
Mais qu'il ne songe plus, Céphise, à nous venger ;
Nous lui laissons un maître, il doit le ménager.
Qu'il ait de ses aïeux un souvenir modeste :
Il est du sang d'Hector, mais il en est le reste :
Et pour ce reste enfin j'ai moi-même en un jour
Sacrifié mon sang, ma haine et mon amour.

CÉPHISE.

Hélas !

ANDROMAQUE.

Ne me suis point si ton cœur en alarmes
Prévoit qu'il ne pourra commander à tes larmes.
On vient : cache tes pleurs, Céphise, et souviens-toi
Que le sort d'Andromaque est commis à ta foi.
C'est Hermione. Allons, fuyons sa violence.

SCÈNE II.

HERMIONE, CLÉONE.

CLÉONE.

Non, je ne puis assez admirer ce silence.

Vous vous taisez, madame, et ce cruel mépris
N'a pas du moindre trouble agité vos esprits :
Vous soutenez en paix une si rude attaque
Vous qu'on voyoit frémir au seul nom d'Andromaque!
Vous qui sans désespoir ne pouviez endurer
Que Pyrrhus d'un regard la voulût honorer !
Il l'épouse; il lui donne avec son diadème
La foi que vous venez de recevoir vous-même :
Et votre bouche encor, muette à tant d'ennui,
N'a pas daigné s'ouvrir pour se plaindre de lui !
Ah! que je crains, madame, un calme si funeste !
Et qu'il vaudroit bien mieux...

HERMIONE.

Fais-tu venir Oreste ?

CLÉONE.

Il vient, madame, il vient ; et vous pouvez juger
Que bientôt à vos pieds il alloit se ranger,
Prêt à servir toujours sans espoir de salaire :
Vos yeux ne sont que trop assurés de lui plaire.
Mais il entre.

SCÈNE III.

ORESTE, HERMIONE, CLÉONE.

ORESTE.

Ah! madame, est-il vrai qu'une fois
Oreste en vous cherchant obéisse à vos lois?
Ne m'a-t-on point flatté d'une fausse espérance ?
Avez-vous en effet souhaité ma présence ?
Croirai-je que vos yeux à la fin désarmés
Veulent...

HERMIONE.

Je veux savoir, seigneur, si vous m'aimez.

ORESTE.

Si je vous aime ! oh dieux ! mes sermens, mes parjures,
Ma fuite, mon retour, mes respects, mes injures,

Mon désespoir, mes yeux de pleurs toujours noyés ;
Quels témoins croirez-vous si vous ne les croyez ?

HERMIONE.

Vengez-moi, je crois tout.

ORESTE.

Eh bien, allons, madame :
Mettons encore un coup toute la Grèce en flamme ;
Prenons, en signalant mon bras et vôtre nom,
Vous la place d'Hélène, et moi d'Agamemnon ;
De Troie en ce pays réveillons les misères ;
Et qu'on parle de nous ainsi que de nos pères.
Partons, je suis tout prêt.

HERMIONE.

Non, seigneur ; demeurons :
Je ne veux pas si loin porter de tels affronts.
Quoi ! de mes ennemis couronnant l'insolence,
J'irois attendre ailleurs une lente vengeance ?
Et je m'en remettrois au destin des combats,
Qui peut-être à la fin ne me vengeroit pas ?
Je veux qu'à mon départ toute l'Epire pleure.
Mais, si vous me vengez, vengez-moi dans une heure.
Tous vos retardemens sont pour moi des refus.
Courez au temple. Il faut immoler...

ORESTE.

Qui ?

HERMIONE.

Pyrrhus.

ORESTE.

Pyrrhus, madame !

HERMIONE.

Eh quoi ! votre haine chancelle ?
Ah ! courez, et craignez que je ne vous rappelle.
N'alléguez point des droits que je veux oublier ;
Et ce n'est pas à vous à le justifier.

ORESTE.

Moi, je l'excuserois ! Ah ! vos bontés, madame,

15.

Ont gravé trop avant ses crimes dans mon âme.
Vengeons-nous, j'y consens, mais par d'autres chemins,
Soyons ses ennemis, et non ses assassins:
Faisons de sa ruine une juste conquête.
Quoi! pour réponse aux Grecs porterai-je sa tête?
Et n'ai-je pris sur moi le soin de tout l'état
Que pour m'en acquitter par un assassinat?,
Souffrez, au nom des dieux! que la Grèce s'explique,
Et qu'il meure chargé de la haine publique.
Souvenez-vous qu'il règne, et qu'un front couronné...

HERMIONE.
Ne vous suffit-il pas que je l'ai condamné?
Ne vous suffit-il pas que ma gloire offensée
Demande une victime à moi seule adressée;
Qu'Hermione est le prix d'un tyran opprimé;
Que je le hais; enfin, seigneur, que je l'aimai?
Je ne m'en cache point; l'ingrat m'avoit su plaire,
Soit qu'ainsi l'ordonnât mon amour ou mon père,
N'importe: mais enfin réglez-vous là-dessus.
Malgré mes vœux, seigneur, honteusement déçus,
Malgré la juste horreur que son crime me donne,
Tant qu'il vivra craignez que je ne lui pardonne
Doutez jusqu'à sa mort d'un courroux incertain;
S'il ne meurt aujourd'hui je puis l'aimer demain.

ORESTE.
Eh bien, il faut le perdre et prévenir sa grâce:
Il faut... Mais cependant que faut-il que je fasse?
Comment puis-je sitôt servir votre courroux?
Quel chemin jusqu'à lui peut conduire mes coups?
A peine suis-je encore arrivé dans l'Epire,
Vous voulez par mes mains renverser un empire;
Vous voulez qu'un roi meure; et pour son châtimen;
Vous ne donnez qu'un jour, qu'une heure, qu'un moment
Aux yeux de tout son peuple il faut que je l'opprime;
Laissez-moi vers l'autel conduire ma victime,

I.   12

Je ne m'en défends plus ; et je ne veux qu'aller
Reconnoître la place où je dois l'immoler :
Cette nuit je vous sers, cette nuit je l'attaque.

HERMIONE.

Mais.cependant ce jour il épouse Andromaque ;
Dans le temple déjà le trône est élevé,
Ma honte est confirmée, et son crime achevé.
Enfin qu'attendez-vous ? il vous offre sa tête :
Sans gardes, sans défense, il marche à cette fête ;
Autour du fils d'Hector il les fait tous ranger ;
Il s'abandonne au bras qui me voudra venger.
Voulez-vous malgré lui prendre soin de sa vie ?
Armez avec vos Grecs tous ceux qui m'ont suivie ;
Soulevez vos amis ; tous les miens sont à vous :
Il me trahit, vous trompe, et nous méprise tous.
Mais quoi ! déjà leur haine est égale à la mienne ;
Elle épargne à regret l'époux d'une Troyenne.
Parlez ; mon ennemi ne vous peut échapper ;
Ou plutôt il ne faut que les laisser frapper.
Conduisez ou suivez une fureur si belle ;
Revenez tout couvert du sang de l'infidèle ;
Allez : en cet état soyez sûr de mon cœur.

ORESTE.

Mais, madame, songez....

HERMIONE.

Ah ! c'en est trop, seigneur.
Tant de raisonnemens offensent ma colère.
J'ai voulu vous donner les moyens de me plaire,
Rendre Oreste content : mais enfin je vois bien
Qu'il veut toujours se plaindre, et ne mériter rien.
Partez : allez ailleurs vanter votre constance,
Et me laissez ici le soin de ma vengeance.
De mes lâches bontés mon courage est confus ;
Et c'est trop en un jour essuyer de refus.
Je m'en vais seule au temple où leur hymen s'apprête,

Où vous n'osez aller mériter ma conquête :
Là de mon ennemi je saurai m'approcher ;
Je percerai le cœur que je n'ai pu toucher ;
Et mes sanglantes mains, sur moi-même tournées,
Aussitôt malgré lui joindront nos destinées :
Et, tout ingrat qu'il est, il me sera plus doux
De mourir avec lui que de vivre avec vous.

ORESTE.

Non, je vous priverai de ce plaisir funeste,
Madame ; il ne mourra que la main d'Oreste.
Vos ennemis par moi vont vous être immolés,
Et vous reconnoîtrez mes soins si vous voulez.

HERMIONE.

Allez. De votre sort laissez-moi la conduite,
Et que tous vos vaisseaux soient prêts pour notre fuite.

SCÈNE IV.

HERMIONE, CLÉONE.

CLÉONE.

Vous vous perdez, madame ; et vous devez songer..

HERMIONE.

Que je me perde ou non, je songe à me venger.
Je ne sais même encor, quoi qu'il m'ait pu promettre,
Sur d'autres que sur moi si je dois m'en remettre :
Pyrrhus n'est pas coupable à ses yeux comme aux miens,
Et je tiendrois mes coups bien plus sûrs que les siens.
Quel plaisir de venger moi-même mon injure,
De retirer mon bras teint du sang du parjure,
Et, pour rendre sa peine et mes plaisirs plus grands,
De cacher ma rivale à ses regards mourans !
Ah ! si du moins Oreste, en punissant son crime,
Lui laissoit le regret de mourir ma victime !
Va le trouver : dis-lui qu'il apprenne à l'ingrat
Qu'on l'immole à ma haine et non pas à l'état.

Chére Cléone, cours : ma vengeance est perdue
S'il ignore en mourant que c'est moi qui le tue.

CLÉONE.

Je vous obéirai. Mais qu'est-ce que je voi !
Oh dieux ! qui l'auroit cru, madame, c'est le roi !

HERMIONE.

Ah ! cours après Oreste, et dis-lui, ma Cléone,
Qu'il n'entreprenne rien sans revoir Hermione.

SCÈNE V.

PYRRHUS, HERMIONE, PHOENIX.

PYRRHUS.

Vous ne m'attendiez pas, madame, et je vois bien
Que mon abord ici trouble votre entretien.
Je ne viens point, armé d'un indigne artifice,
D'un voile d'équité couvrir mon injustice :
Il suffit que mon cœur me condamne tout bas ;
Et je soutiendrois mal ce que je ne crois pas.
J'épouse une Troyenne ; oui, madame, et j'avoue
Que je vous ai promis la foi que je lui voue.
Un autre vous diroit que, dans les champs troyens,
Nos deux pères sans nous formèrent ces liens ;
Et que, sans consulter ni mon choix ni le vôtre,
Nous fûmes sans amour engagés l'un à l'autre :
Mais c'est assez pour moi que je me sois soumis.
Par mes ambassadeurs mon cœur vous fut promis ;
Loin de les révoquer je voulus y souscrire :
Je vous vis avec eux arriver en Épire ;
Et, quoique d'un autre œil l'éclat victorieux
Eût déjà prévenu le pouvoir de vos yeux,
Je ne m'arrêtai point à cette ardeur nouvelle,
Je voulus m'obstiner à vous être fidèle ;
Je vous reçus en reine, et jusques à ce jour
J'ai cru que mes sermens me tiendroient lieu d'amour.
Mais cet amour l'emporte ; et par un coup funeste

Andromaque m'arrache un cœur qu'elle déteste :
L'un par l'autre entraînés, nous courons à l'autel
Nous jurer malgré nous un amour immortel.
Après cela, madame, éclatez contre un traître,
Qui l'est avec douleur, et qui pourtant veut l'être.
Pour moi, loin de contraindre un si juste courroux,
Il me soulagera peut-être autant que vous.
Donnez-moi tous les noms destinés aux parjures :
Je crains votre silence et non pas vos injures ;
Et mon cœur, soulevant mille secrets témoins,
M'en dira d'autant plus que vous m'en direz moins.

HERMIONE.

Seigneur, dans cet aveu dépouillé d'artifice
J'aime à voir que du moins vous vous rendiez justice ;
Et que, voulant bien rompre un nœud si solennel,
Vous vous abandonniez au crime en criminel.
Est-il juste après tout qu'un conquérant s'abaisse
Sous la servile loi de garder sa promesse ?
Non, non, la perfidie a de quoi vous tenter ;
Et vous ne me cherchez que pour vous en vanter.
Quoi ! sans que ni serment ni devoir vous retienne,
Rechercher une Grecque, amant d'une Troyenne !
Me quitter, me reprendre, et retourner encor
De la fille d'Hélène à la veuve d'Hector !
Couronner tour à tour l'esclave et la princesse !
Immoler Troie aux Grecs, au fils d'Hector la Grèce !
Tout cela part d'un cœur toujours maître de soi,
D'un héros qui n'est point esclave de sa foi.
Pour plaire à votre épouse il vous faudroit peut-être
Prodiguer les doux noms de parjure et de traître.
Vous veniez de mon front observer la pâleur,
Pour aller dans ses bras rire de ma douleur :
Pleurante après son char vous voulez qu'on me voie :
Mais, seigneur, en un jour ce seroit trop de joie ;
Et, sans chercher ailleurs des titres empruntés,

Ne vous suffit-il pas de ceux que vous portez ?
Du vieux père d'Hector la valeur abattue
Aux pieds de sa famille expirante à sa vue,
Tandis que dans son sein votre bras enfoncé
Cherche un reste de sang que l'âge avoit glacé ;
Dans des ruisseaux de sang Troie ardente plongée ;
De votre propre main Polyxène égorgée
Aux yeux de tous les Grecs indignés contre vous :
Que peut-on refuser à ces généreux coups ?

PYRRHUS.

Madame, je sais trop à quel excès de rage
La vengeance d'Hélène emporta mon courage ;
Je puis me plaindre à vous du sang que j'ai versé :
Mais enfin je consens d'oublier le passé.
Je rends grâces au ciel que votre indifférence
De mes heureux soupirs m'apprenne l'innocence :
Mon cœur, je le vois bien, trop prompt à se gêner,
Devoit mieux vous connoître et mieux s'examiner.
Mes remords vous faisoient une injure mortelle :
Il faut se croire aimé pour se croire infidèle.
Vous ne prétendiez point m'arrêter dans vos fers :
J'ai craint de vous trahir, peut-être je vous sers.
Nos cœurs n'étoient point faits dépendans l'un de l'autre :
Je suivois mon devoir, et vous cédiez au vôtre.
Rien ne vous engageoit à m'aimer en effet.

HERMIONE.

Je ne t'ai point aimé, cruel ! qu'ai-je donc fait ?
J'ai dédaigné pour toi les vœux de tous nos princes :
Je t'ai cherché moi-même au fond de tes provinces ;
J'y suis encor malgré tes infidélités
Et malgré tous mes Grecs, honteux de mes bontés :
Je leur ai commandé de cacher mon injure ;
J'attendois en secret le retour d'un parjure.
J'ai cru que tôt ou tard, à ton devoir rendu,
Tu me rapporterois un cœur qui m'étoit dû.

Je t'aimois inconstant, qu'aurois-je fait fidèle ?
Et même, en ce moment où ta bouche cruelle
Vient si tranquillement m'annoncer le trépas,
Ingrat, je doute encor si je ne t'aime pas.
Mais, seigneur, s'il le faut, si le ciel en colère
Réserve à d'autres yeux la gloire de vous plaire,
Achevez votre hymen, j'y consens ; mais du moins
Ne forcez pas mes yeux d'en être les témoins.
Pour la dernière fois je vous parle peut-être ;
Différez-le d'un jour, demain vous serez maître...
Vous ne répondez point ?... Perfide ! je le voi,
Tu comptes les momens que tu perds avec moi.
Ton cœur, impatient de revoir ta Troyenne,
Ne souffre qu'à regret qu'une autre l'entretienne :
Tu lui parles du cœur, tu la cherches des yeux.
Je ne te retiens plus, sauve-toi de ces lieux :
Va lui jurer la foi que tu m'avois jurée ;
Va profaner des dieux la majesté sacrée.
Ces dieux, ces justes dieux n'auront pas oublié
Que les mêmes sermens avec moi t'ont lié.
Porte au pied des autels ce cœur qui m'abandonne ;
Va, cours : mais crains encor d'y trouver Hermione.

SCÈNE VI.

PYRRHUS, PHOENIX.

PHŒNIX.

Seigneur, vous entendez. Gardez de négliger
Une amante en fureur qui cherche à se venger.
Elle n'est en ces lieux que trop bien appuyée ;
La querelle des Grecs à la sienne est liée ;
Oreste l'aime encore, et peut-être à ce prix...

PYRRHUS.

Andromaque m'attend. Phœnix, garde son fils.

ACTE CINQUIEME.

SCÈNE I.

HERMIONE.

Où suis-je? qu'ai-je fait? que dois-je faire encore?
Quel transport me saisit, quel chagrin me dévore?
Errante et sans dessein, je cours dans ce palais.
Ah! ne puis-je savoir si j'aime ou si je hais?
Le cruel! de quel œil il m'a congédiée!
Sans pitié, sans douleur au moins étudiée!
L'ai-je vu se troubler et me plaindre un moment?
En ai-je pu tirer un seul gémissement?
Muet à mes soupirs, tranquille à mes alarmes.
Sembloit-il seulement qu'il eût part à mes larmes?
Et je le plains encore! et, pour comble d'ennui,
Mon cœur, mon lâche cœur s'intéresse pour lui!
Je tremble au seul penser du coup qui le menace!
Et prête à me venger je lui fais déjà grâce!
Non, ne révoquons point l'arrêt de mon courroux:
Qu'il périsse! aussi bien il ne vit plus pour nous.
Le perfide triomphe et se rit de ma rage:
Il pense voir en pleurs dissiper cet orage;
Il croit que toujours foible et d'un cœur incertain
Je parerai d'un bras les coups de l'autre main.
Il juge encor de moi par mes bontés passées.
Mais plutôt le perfide a bien d'autres pensées:
Triomphant dans le temple, il ne s'informe pas
Si l'on souhaite ailleurs sa vie ou son trépas.
Il me laisse, l'ingrat, cet embarras funeste.
Non, non, encore un coup, laissons agir Oreste.
Qu'il meure puisqu'enfin il a dû le prévoir,
Et puisqu'il m'a forcée enfin à le vouloir....

A le vouloir? Eh quoi! c'est donc moi qui l'ordonne?
Sa mort sera l'effet de l'amour d'Hermione?
Ce prince, dont mon cœur se faisoit autrefois
Avec tant de plaisir redire les exploits,
A qui même en secret je m'étois destinée
Avant qu'on eût conclu ce fatal hyménée,
Je n'ai donc traversé tant de mers, tant d'états
Que pour venir si loin préparer son trépas,
L'assassiner, le perdre! Ah! devant qu'il expire...

SCÈNE II.

HERMIONE, CLÉONE.

HERMIONE.

Ah! qu'ai-je fait, Cléone? et que viens-tu me dire?
Que fait Pyrrhus?

CLÉONE.

Il est au comble de ses vœux,
Le plus fier des mortels et le plus amoureux.
Je l'ai vu vers le temple, où son hymen s'apprête,
Mener en conquérant sa nouvelle conquête,
Et d'un œil où brilloient sa joie et son espoir
S'enivrer en marchant du plaisir de la voir.
Andromaque, au travers de mille cris de joie,
Porte jusqu'aux autels le souvenir de Troie;
Incapable toujours d'aimer et de haïr,
Sans joie et sans murmure elle semble obéir.

HERMIONE.

Et l'ingrat? jusqu'au bout il a poussé l'outrage?
Mais as-tu bien, Cléone, observé son visage?
Goûte-t-il des plaisirs tranquilles et parfaits?
N'a-t-il point détourné ses yeux vers le palais?
Dis-moi, ne t'es-tu point présentée à sa vue?
L'ingrat a-t-il rougi lorsqu'il t'a reconnue?
Son trouble avouoit-il son infidélité?
A-t-il jusqu'à la fin soutenu sa fierté?

CLÉONE.

Madame, il ne voit rien. Son salut et sa gloire
Semblent être avec vous sortis de sa mémoire.
Sans songer qui le suit, ennemis ou sujets,
Il poursuit seulement ses amoureux projets.
Autour du fils d'Hector il a rangé sa garde,
Et croit que c'est lui seul que le péril regarde.
Phœnix même en répond, qui l'a conduit exprès
Dans un fort éloigné du temple et du palais.
Voilà dans ses transports le seul soin qui lui reste.

HERMIONE.

Le perfide ! il mourra. Mais que t'a dit Oreste ?

CLÉONE.

Oreste avec ses Grecs dans le temple est entré.

HERMIONE.

Eh bien ? à me venger n'est-il pas préparé ?

CLÉONE.

Je ne sais.

HERMIONE.

   Tu ne sais ! Quoi donc ! Oreste encore,
Oreste me trahit ?

CLÉONE.

    Oreste vous adore ;
Mais de mille remords son esprit combattu
Croit tantôt son amour et tantôt sa vertu.
Il respecte en Pyrrhus l'honneur du diadème ;
Il respecte en Pyrrhus Achille et Pyrrhus même :
Il craint les Grecs, il craint l'univers en courroux ;
Mais il se craint, dit-il, soi-même plus que tous.
Il voudroit en vainqueur vous apporter sa tête :
Le seul nom d'assassin l'épouvante et l'arrête.
Enfin il est entré sans savoir dans son cœur
S'il en devoit sortir coupable ou spectateur.

HERMIONE.

Non, non, il les verra triompher sans obstacle ;

Il se gardera bien de troubler ce spectacle :
Je sais de quels remords son courage est atteint ;
Le lâche craint la mort, et c'est tout ce qu'il craint.
Quoi ! sans qu'elle employât une seule prière,
Ma mère en sa faveur arma la Grèce entière ;
Ses yeux pour leur querelle, en dix ans de combats,
Virent périr vingt rois qu'ils ne connoissoient pas :
Et moi je ne prétends que la mort d'un parjure,
Et je charge un amant du soin de mon injure ;
Il peut me conquérir à ce prix sans danger ;
Je me livre moi-même, et ne puis me venger !
Allons. C'est à moi seule à me rendre justice.
Que de cris de douleur le temple retentisse :
De leur hymen fatal troublons l'événement,
Et qu'ils ne soient unis, s'il se peut, qu'un moment.
Je ne choisirai point dans ce désordre extrême :
Tout me sera Pyrrhus, fût-ce Oreste lui-même.
Je mourrai. Mais au moins ma mort me vengera ;
Je ne mourrai pas seule, et quelqu'un me suivra.

SCÈNE III.

ORESTE, HERMIONE, CLÉONE.

ORESTE.

Madame, c'en est fait, et vous êtes servie :
Pyrrhus rend à l'autel son infidèle vie.

HERMIONE.

Il est mort !

ORESTE.

      Il expire, et nos Grecs irrités
Ont lavé dans son sang ses infidélités.
Je vous l'avois promis ; et, quoique mon courage
Se fît de ce complot une funeste image,
J'ai couru vers le temple, où nos Grecs dispersés
Se sont jusqu'à l'autel dans la foule glissés.
Pyrrhus m'a reconnu, mais sans changer de face :

Il sembloit que ma vue excitât son audace ;
Que tous les Grecs, bravés en leur ambassadeur,
Dussent de son hymen relever la splendeur.
Enfin, avec transport prenant son diadème,
Sur le front d'Andromaque il l'a posé lui-même :
« Je vous donne, a-t-il dit, ma couronne et ma foi ;
« Andromaque, régnez sur l'Epire et sur moi.
« Je voue à votre fils une amitié de père ;
« J'en atteste les dieux, je le jure à sa mère :
« Pour tous mes ennemis je déclare les siens,
« Et je le reconnois pour le roi des Troyens. »
A ces mots, qui du peuple attiroient le suffrage,
Nos Grecs n'ont répondu que par un cri de rage ;
L'infidèle s'est vu partout envelopper,
Et je n'ai pu trouver de place pour frapper :
Chacun se disputoit la gloire de l'abattre.
Je l'ai vu dans leurs mains quelque temps se débattre,
Tout sanglant à leurs coups vouloir se dérober ;
Mais enfin à l'autel il est allé tomber.
Du peuple épouvanté j'ai traversé la presse
Pour venir de ces lieux enlever ma princesse,
Et regagner le port, où bientôt nos amis
Viendront couverts du sang que je vous ai promis.

HERMIONE.

Qu'ont-ils fait !

ORESTE.

Pardonnez à leur impatience :
Ils ont, je le vois bien, trahi votre vengeance ;
Vous vouliez que ma main portât les premiers coups ;
Qu'il sentît en mourant qu'il expiroit pour vous.
Mais c'est moi dont l'ardeur leur a servi d'exemple :
Je les ai pour vous seule entraînés dans le temple,
Madame, et vous pouvez justement vous flatter
D'une mort que leurs bras n'ont fait qu'exécuter.
Vous seule avez poussé les coups....

HERMIONE.

Tais-toi, perfide,
Et n'impute qu'à toi ton lâche parricide.
Va faire chez les Grecs admirer ta fureur,
Va; je la désavoue, et tu me fais horreur.
Barbare, qu'as-tu fait? avec quelle furie
As-tu tranché le cours d'une si belle vie?
Avez-vous pu, cruels, l'immoler aujourd'hui
Sans que tout votre sang se soulevât pour lui?
Mais parle; de son sort qui t'a rendu l'arbitre?
Pourquoi l'assassiner? qu'a-t-il fait? à quel titre?
Qui te l'a dit?

ORESTE.

Oh dieux! quoi! ne m'avez-vous pas
Vous-même ici tantôt ordonné son trépas?

HERMIONE.

Ah! falloit-il en croire une amante insensée?
Ne devois-tu pas lire au fond de ma pensée?
Et ne voyois-tu pas dans mes emportemens
Que mon cœur démentoit ma bouche à tous momens?
Quand je l'aurois voulu, falloit-il y souscrire?
N'as-tu pas dû cent fois te le faire redire?
Toi-même avant le coup me venir consulter?
Y revenir encore, ou plutôt m'éviter?
Que ne me laissois-tu le soin de ma vengeance?
Qui t'amène en des lieux où l'on fuit ta présence?
Voilà de ton amour le détestable fruit:
Tu m'apportois, cruel, le malheur qui te suit.
C'est toi dont l'ambassade, à tous les deux fatale,
L'a fait pour son malheur pencher vers ma rivale.
Nous le verrions encor nous partager ses soins:
Il m'aimeroit peut-être; il le feindroit du moins.
Adieu. Tu peux partir. Je demeure en Épire;
Je renonce à la Grèce, à Sparte, à son empire.
A toute ma famille; et c'est assez pour moi,
Traître, qu'elle ait produit un monstre comme toi.

SCÈNE IV.

ORESTE.

Que vois-je! est-ce Hermione? Et que viens-je d'entendre?
Pour qui coule le sang que je viens de répandre?
Je suis, si je l'en crois, un traître, un assassin.
Est-ce Pyrrhus qui meurt, et suis-je Oreste enfin?
Quoi! j'étouffe en mon cœur la raison qui m'éclaire;
J'assassine à regret un roi que je révère;
Je viole en un jour les droits des souverains,
Ceux des ambassadeurs et tous ceux des humains,
Ceux même des autels où ma fureur l'assiége;
Je deviens parricide, assassin, sacrilége;
Pour qui? pour une ingrate à qui je le promets,
Qui même s'il ne meurt ne me verra jamais,
Dont j'épouse la rage; et quand je l'ai servie
Elle me redemande et son sang et sa vie!
Elle l'aime! et je suis un monstre furieux!
Je la vois pour jamais s'éloigner de mes yeux!
Et l'ingrate en fuyant me laisse pour salaire
Tous les noms odieux que j'ai pris pour lui plaire!

SCÈNE V.

ORESTE, PYLADE, SOLDATS D'ORESTE.

PYLADE.

Il faut partir, seigneur. Sortons de ce palais,
Ou bien résolvons-nous de n'en sortir jamais.
Nos Grecs pour un moment en défendent la porte:
Tout le peuple assemblé nous poursuit à main forte.
Aux ordres d'Andromaque ici tout est soumis;
Ils la traitent en reine, et nous comme ennemis.
Andromaque elle-même, à Pyrrhus si rebelle,
Lui rend tous les devoirs d'une veuve fidèle,

Commande qu'on le venge; et peut-être sur nous
Veut venger Troie encore et son premier époux.
Allons, n'attendons pas que l'on nous environne;
Nos Grecs nous rejoindront; et tandis qu'Hermione
Tient encore le peuple autour d'elle arrêté,
Voilà notre chemin, sortons en sûreté.

ORESTE.

Non, non, c'est Hermione, amis, que je veux suivre;
A son dernier arrêt je ne puis plus survivre.
Partez : j'ai fait le crime, et je vais l'expier.

PYLADE.

Hermione, seigneur? il la faut oublier.
Quoi! toujours l'instrument et l'objet de sa rage,
Cherchez-vous chez les morts quelque nouvel outrage,
Et parcequ'elle meurt faut-il que vous mouriez?

ORESTE.

Elle meurt! dieux! qu'entends-je!

PYLADE.

                              Eh quoi! vous l'ignoriez?
En rentrant dans ces lieux nous l'avons rencontrée
Qui couroit vers le temple, inquiète, égarée.
Elle a trouvé Pyrrhus porté sur des soldats
Que son sang excitoit à venger son trépas.
Sans doute à cet objet sa rage s'est émue.
Mais du haut de la porte enfin nous l'avons vue
Un poignard à la main sur Pyrrhus se courber,
Lever les yeux au ciel, se frapper, et tomber.

ORESTE

Grâce aux dieux, mon malheur passe mon espérance!
Oui, je te loue, ô ciel, de ta persévérance :
Appliqué sans relâche au soin de me punir,
Au comble des douleurs tu m'as fait parvenir :
Ta haine a pris plaisir à former ma misère;
J'étois né pour servir d'exemple à ta colère,
Pour être du malheur un modèle accompli :

Eh bien! je meurs content, et mon sort est rempli.
Où sont ces deux amans? Pour couronner ma joie,
Dans leur sang, dans le mien il faut que je me noie;
L'un et l'autre en mourant je les veux regarder:
Réunissons trois cœurs qui n'ont pu s'accorder.
Mais quelle épaisse nuit tout à coup m'environne?
De quel côté sortir? D'où vient que je frissonne?
Quelle horreur me saisit? Grâce au ciel, j'entrevoi...
Dieux! quels ruisseaux de sang coulent autour de moi!

PYLADE.

Ah seigneur!

ORESTE.

Quoi! Pyrrhus, je te rencontre encore!
Trouverai-je partout un rival que j'abhorre?
Percé de tant de coups, comment t'es-tu sauvé?
Tiens, tiens, voilà le coup que je t'ai réservé.
Mais que vois-je! A mes yeux Hermione l'embrasse!
Elle vient l'arracher au coup qui le menace!
Dieux! quels affreux regards elle jette sur moi!
Quels démons, quels serpens traîne-t-elle après soi!
Eh bien! filles d'enfer, vos mains sont-elles prêtes?
Pour qui sont ces serpens qui sifflent sur vos têtes?
A qui destinez-vous l'appareil qui vous suit?
Venez-vous m'enlever dans l'éternelle nuit?
Venez, à vos fureurs Oreste s'abandonne.
Mais non, retirez-vous, laissez faire Hermione:
L'ingrate mieux que vous saura me déchirer;
Et je lui porte enfin mon cœur à dévorer.

PYLADE.

Il perd le sentiment. Amis, le temps nous presse;
Ménageons les momens que ce transport nous laisse.
Sauvons-le. Nos efforts deviendroient impuissans
S'il reprenoit ici sa rage avec ses sens.

FIN DU TOME PREMIER.